KB200729

하
나
님
의
　
침
묵

하나님의 침묵

지은이 | 헬무트 틸리케
옮긴이 | 윤종석
초판 발행 | 2024. 11. 20.
등록번호 | 제1988-000080호
등록된 곳 | 서울특별시 용산구 서빙고로65길 38
발행처 | 사단법인 두란노서원
영업부 | 02)2078-3333 FAX | 080-749-3705
출판부 | 02)2078-3330

책값은 뒤표지에 있습니다.
ISBN 978-89-531-4943-4 03230

독자의 의견을 기다립니다.
tpress@duranno.com www.duranno.com

두란노서원은 바울 사도가 3차 전도 여행 때 에베소에서 성령 받은 제자들을 따로 세워 하나님의 말씀으로 양육
하던 장소입니다. 사도행전 19장 8-20절의 정신에 따라 첫째 목회자를 돕는 사역과 평신도를 훈련시키는 사역,
둘째 세계선교™와 문서선교單행본·잡지 사역, 셋째 예수문화 및 경배와 찬양 사역, 그리고 가정·상담 사역 등을 감
당하고 있습니다. 1980년 12월 22일에 창립된 두란노서원은 주님 오실 때까지 이 사역들을 계속할 것입니다.

The Silence of God

불안의 시대를 뚫고
그분의 마음을 듣다

하나님의 침묵

헬무트 틸리케 지음

윤종석 옮김

두란노

CONTENTS

part 1

현대인의 은밀한 상처, 불안

기만적 도피 말고 불안을 떨칠 다른 길은 없을까

part 2

격랑의 시대에 깃드는 그리스도의 빛

세상 끝 날까지 이 예수를 신앙한다면

당면한 현실을 복음과 이어 주는
신실한 설교자

제2차 세계대전 이후로 강단에서 가장 힘있게 울려 퍼진 목소리 중 하나는 바로 헬무트 틸리케였다. 독일에서 전쟁 기간과 직후에 두드러지게 사역한 그는 나중에 함부르크대학교 총장으로도 재직했다.

모든 훌륭한 설교가 그렇듯이 틸리케의 설교도 형식과 내용 모두 청중의 현실과 직결된다. 어느 모로 보나 시대에 맞춤한 설교다. 암울한 시대의 개인과 나라들에 전하는 메시지인 것이다.

그렇다고 그의 설교에 별다른 특징이 없는 것은 아니다. 틸리케는 적절한 인용과 예리한 직유, 경험에서 우러난 생생한 예화를 잘 구사했다. 그의 설교에서 오랜 찬송가가 다시금 들려오고 루터(Martin Luther)의 영향도 꾸준히 감지된다. 표현이 생생할 뿐 아니라 전개도 힘차다. 이 설교문이 문학작품이나 체계적 논문은 아니지만 전혀 흐름이 끊기거나 들쭉날쭉하지 않다.

또 하나 주목할 점은 틸리케의 설교가 속속들이 신학적이라는 것이다. 그의 신학은 당연히 실존주의 성격을 띤다. 그가 다룬 많은 굵직한 주제를 바르트(Karl Barth) 등 당대의 여러 위대한 신학자의 저작에서도 엿볼 수 있다. 다만 그는 설교와 교리 신학을 혼동하지 않았다. 신학 내용을 제시할 때는 현 상황에 맞게 적용했다. 틸리케의 신학은 설교 전체를 든든히 받쳐 주는 기둥과 같다.

'실존주의'라고 해서 틸리케의 설교에 성경 내용이 부실한 것은 아니다. 물론 그의 설교 대부분은 본문을 한 절 한 절 푸는 강해식 설교가 아니며, 일부 설교에 강해가 섞여 있는 정도다. 하지만 분명히 그는 주제와 관심사를 성경에서 취했고, 전후(戰後)의 비극과 불안에 짓눌리던 이들에게 그가 제시한 메시지는 분명 성경 말씀이었다. 그의 선포에는 예언자적 권위가 실려 있었으며, 설교의 초점과 중심은 오직 예수 그리스도였다.

순전히 주해나 교리의 관점에서 보면 틸리케의 설교에 미흡

한 면이 보일 것이다. 또 풍랑의 시대를 지나 비교적 평온한 시기에 들어선 이들에게는 그의 설교가 공감대나 호소력을 상당히 잃을 만도 하다. 그러나 이런 약점 가운데 오히려 틸리케의 강점이 숨어 있다.

그는 극심한 풍랑과 과도한 스트레스 속에서 살아가는 동시대인의 현실적 필요를 절절히 인식하고, '살아 계신 말씀이신 예수 그리스도와 성경의 메시지'를 확실하고 충분한 답으로 제시한다. 그분을 신앙하기가 쉽지 않아도 참된 신앙이야말로 회의와 불안과 고뇌, 무서운 전쟁과 파멸 속에서도 우리를 승리로 이끈다고 역설한다. 참화에 무너진 세상을 그는 거의 묵시록적 차원에서 진단하면서 바로 그 세상을 향해 하나님의 메시지인 구원과 심판을 선포한다.

이 책 2부에 모은 성탄절, 성금요일, 부활절, 성령강림절 절기 설교는 복음서의 굵직한 주제에 기초한 것으로 틸리케 설교의 정수를 보여 준다. 특히 그는 예수님의 성육신과 죽음과 부활의 메시지를 우리 시대의 필요에 맞게 적용한다. 그러나 그의 설교를 비평의 관점에서만 읽는다면 설교자를 공정하게 대하는 게 아니다.

여기 현대인이 들어야 할 설교가 있다. 우리는 틸리케가 그토록 생생히 묘사한 두려움과 불안에 시달리면서도, 하나님이 인간에게 독생자를 주신 사건의 참뜻과 효험을 모른 채 살아간다.

아주 다른 세상에 처음 주어진 옛 복음이 어떻게 이 시대에도 생생한 위로와 현실적 진리로 다가와 영혼을 다시 살리는지를 그의 설교에서 배울 수 있다. 민감하고 헌신적인 설교자를 통해 성령께서 복음을 우리와 연결해 주신다.

영문판 옮긴이

제프리 W. 브로밀리 Geoffrey W. Bromiley
前 풀러신학교 명예교수(교회사·역사신학)

머리말.

삶의 군더더기를 다 버리고
다시 기본으로

　　이 책에 실린 설교는 모두 1942-1951년 격동기에 작성된 것이다. 현실과 직결해서 표현해야 했기에 유화적이거나 두루뭉술한 표현은 없고, 영적 묵상과 극도의 위험에 처한 이들에게 주는 말이 앞서거니 뒤서거니 하며 한곳에 나란히 나온다. 시대의 아픔이 도처에 드러난다.

　　본래 삶이란 몇 가지 기본 의문과 기본 진리로 압축될 수 있는데, 그런 의문과 진리는 보통 위기에 수면 위로 등장한다. 불과 물과 칼과 독에 위협받거나 그에 준할 때, 죽음이 눈앞에 다가올 때, 가장 소중한 사람을 잃을 때, 불안과 죄책감이 밀려올 때가 그런 위기에 해당한다. 이럴 때는 묵상만으로는 위로받을 수 없으며, 우리 삶을 채우다 못해 지탱하는 듯한 많은 것이 허상처럼 보인다. 우리는 여태 애지중지하던 삶의 주변부와 군더더기를 모두 버리고 기본으로 돌아가야 한다.

대참사와 폭격과 집단 매장과 피난으로 얼룩진 우리 시대가 바로 그런 시기다. 마음 편한 생각이나 호사로운 사색은 이제 허용되지 않는다. 군인이 전쟁에 나가려면 몸이 가볍고 다부져야 하듯이 우리의 생각도 단순하면서도 검질겨야 한다. 그리하여 진정성 있게 끝까지 견뎌 내야 한다.

이런 생각은 철학자나 문필가의 책상에서 나올 수 없으며, 묘지나 전쟁의 폐허 앞에 선 사람에게서 나온 것이라야 한다. 후자는 무너져 가는 집만 보고도 그 안에 곤궁한 사람이 있음을 감지한다. 이런 생각을 전할 대상도 사실은 지난번 공습의 섬광이 여태 눈에 아른거려 마음이 어수선한 사람이어야 할 것이다. 그런 사람이라면 아주 정확한 기준으로 메시지를 평가할 테니 말이다.

어쩌면 이런 생각을 전할 대상은 지쳐 있거나 죽어 가는 전선의 군인인지도 모른다. 그들에게 필요한 것은 미사여구가 아니라 순도 높은 진리의 말씀이다.

이런 생각은 힘을 북돋기 위한 것인 만큼 사르트르(Jean-Paul Sartre)의 말마따나 늘 실제 상황 속에서 전달된다. 상황을 실제로 겪은 이들끼리 나눌 수 있는 대화다. 이런 생각이 늘 역사의 특정 시기를 위해 존재한다는 점도 분명히 밝혀야겠다. 따라서 추상적인 정리는 없다. 추상적인 정리는 마치 시를 몇 문장으로 요약하는 것과도 같다. 시를 읽을 필요도 없고 시인의 메시지를 삶의 상황이나 대화나 사건에 적용할 필요도 없다는 것인데, 이는 잘못된 생각이다.

이 열 편의 설교는 시대의 요구에 만족스러울 만큼 부응하지 못하고, 순도 높은 진리를 잘 담아냈다고 자부할 수도 없으며, "소리 나는 구리와 울리는 꽹과리"처럼(고전 13:1) 너무나 인간적인 말도 그 속에 더러 섞여 있다. 그러나 극한의 시련기에 선포한 메시지다. 이렇게 역사적 정황을 반영하는 게 바람직한 이유는 단지 다큐멘터리 성격을 가미하기 위해서가 아니라 하나님의 영원한 말씀이 어떻게 인간의 시간 속에 들어와 엄연한 실재로서 우리를 떠받치고 인도하는지를 보여 주기 위해서다.

이 책을 실제로 엮은 사람은 발터 베어(Walter Bähr) 박사다. 그가 수고를 자청해서 관련 설교를 훑어 이 열 편을 모았다. 그의 목적은 단지 과거를 보존하려는 게 아니라 현재를 살리려는 것이다. 우리 삶의 가장 암울한 이 시기를 그냥 흘려보낼 게 아니라 참된 빛과 한낱 허상을 구분하는 기준으로 삼아야 한다는 것이다.

　니체(Friedrich Wilhelm Nietzsche)라면 이 시대를 "기념비적 역사"
의 일환으로 기록에 남겨야 한다고 말하리라. 그러나 물론 기념
비적 측면을 찾아내야 할 곳은 인간의 어쭙잖은 가능성이 아니라
우리를 찾아오는 하나님의 부르심이다. 위기의 시간은 대개 영속
적 의미를 띤다. 세상 모든 시간이 그 속에 농축되어 있기 때문이
다. 우리가 불안을 느끼는 곳도 세상이고, 세상을 이기셨다는 예
수님 말씀의 증거를 확인할 수 있는 곳도 세상이다.

　지금도 그 부르심은 불안과 죄책감과 고난과 죽음에 직면한
우리 같은 이들을 여전히 찾아온다.

　지금이 전후 상황이다 보니 내 어법도 달라질 수밖에 없어
내 고유의 특색은 거의 사라졌다. 설교의 성격상 문체가 그렇게
변했다. 수필집이라면 당연히 그게 허용되지 않았겠지만 말이
다. 다만 나는 메시지를 들을 사람들의 고단한 삶을 그대로 담아
내려 했다. 나아가 메시지를 통해 '다른 삶'을 증언하고 싶다. 최
소한 그것이 내 바람이다.

헬무트 틸리케

Helmut Thielicke

Part 1

현대인의 은밀한 상처, 불안

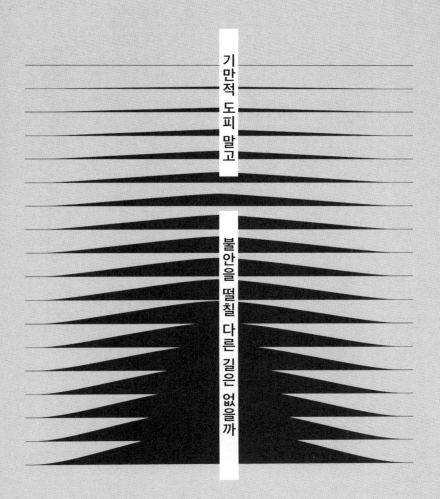

기만적 도피 말고

불안을 떨칠 다른 길은 없을까

The Silence of God

1. 불안한 나날, 우리는 혼자 걷지 않는다

불안의 반대, 용기가 아니라 사랑

얼마 전 갤럽 여론 조사와 비슷한 방식으로 주로 청년층에게 다양한 질문을 던졌다. 설문 대상은 대부분 학생이었다. 놀랍게도 그중 "삶에 대한 당신의 기본 반응은 무엇입니까?"라는 질문에 무려 60퍼센트가 단호하게 "불안"이라 답했다. 전혀 우울하거나 근심스러워 보이지 않는데도 그토록 많은 사람에게서 이런 뜻밖의 답변이 나온 이유가 무엇일까?

　대개 우리는 불안이 죽음의 위협에서 비롯한다고 생각하는 편이다. 죽음에 대한 두려움이 곧 불안이라는 것이다. 그러나 그 기준으로 위 여론 조사의 정확성을 확인하려 든다면 성과는 미미할 것이다.

　우리 시대가 유독 죽음을 두려워한다는 말은 성립되기 힘들다. 굳이 전쟁의 폭격이라는 예를 증거로 들 필요도 없다. 전쟁 중에 거듭 관찰된 놀라운 사실은 딱히 종교가 없는 사람도 죽음을 두려워하지 않는다는 것이다. 냉담한 사람과 무신론자와 허무주의자도 죽을 위험 앞에서 얼마든지 초연할 뿐 아니라 심지어 준비된 모습으로 죽음을 맞기까지 한다. 예컨대 공산군은 죽음 자체보다 몸의 고통을 더 두려워하는 것으로 알려졌다. 종교의 위안과 뒷배가 전혀 없을 법한 무리가 오히려 죽음에 대한 두려움을 가장 신기하게 정복한 셈이다.

여기서 죽음에 대한 두려움을 정복했다는 표현은 틀렸을 수 있다. 그들에게는 정복할 두려움이 아예 없으니 말이다. 그들에게 죽음에 대한 두려움은 극복해야 할 진짜 적이 아니다. 허무주의 세계에는 내세에 대한 공포가 아예 존재하지 않는다. 그래서 죽음이 더는 가공할 재난이 아니다. 의탁하거나 잃어버릴 영혼 자체가 없다.

어쨌든 죽음에 대한 두려움이 우리 시대에 유독 흔하다고 말할 수는 없다. 삶에 대한 기본 반응이 불안이라는 답변은 결코 죽음에 대한 두려움을 두고 한 말이 아니다. 그렇다면 대체 무엇을 가리키는 말일까?

이는 죽음에 대한 두려움이라기보다 삶에 대한 두려움을 가리킨다고 보면 무방할 것이다. 중년의 마르틴 루터는 심판의 하나님 앞에서 불안한 죄책감에 짓눌려 어떻게 하면 은혜의 하나님을 찾을 수 있을지를 물었다. 마찬가지로 현대인도 운명에 대한 두려움, 삶의 아찔한 불운에 대한 불안에 시달린다. 한때 심판의 하나님이 서 계시던 자리가 이제 텅 비어 있다. 어쩌면 이 빈자리와 공허가 우리 안에 허무에 대한 섬뜩한 두려움을 자아낸다.

루터는 은혜의 하나님을 어떻게 찾을지를 물었지만 우리는 하나님이 과연 계시기나 한지를 묻고 있다. 전쟁의 대량 살상 앞에서 그분은 어디 계시는가? 우리를 파멸과 최후의 재앙 쪽으로 사정없이 몰아가는 듯한 무서운 기술 발전 앞에서 그분은 어디 계시는가?

죄책감과 심판이 있던 자리에 이제 불안과 운명을 대입하면 된다. 불안은 현대인의 은밀한 상처다.

불안(anxiety; 앵자이어티)을 이해하려면 이 영어 단어의 어근부터 살펴봐야 한다. 불안을 뜻하는 독일어 단어 "앙스트"(angst)는 숨통을 조인다는 뜻의 라틴어 단어 "앙구스티애"(angustiae)에서 유래했다. 협심증(angina pectoris)은 그것이 극에 달한 상태다. 대개 불안의 원인은 부수적이거나 아예 문제되지 않는다. '막연한 우려'야말로 불안의 본질이다.

반면에 두려움(fear)은 늘 원인이 확실하다. 예컨대 내가 비에 젖기를 두려워하는 것은 특정한 기상 요인 때문이고, 정치 분쟁을 두려워하는 것은 돌아가는 정세가 심상치 않아서다.

그런데 불안의 원인은 그야말로 막연하다. 그런 면에서 불안은 권태와 같다. 그냥 따분하듯이, 그냥 불안하다. 구체적이고 명확한 원인이 없다.

그러나 불안이 개인의 숨통만 조여 온다고 생각한다면 문제의 핵심을 놓친 것이다. 원인 불명의 불안은 내 숨통은 물론이고 개인을 넘어서서 온 세상을 옥죈다. 독일 신화 속의 미드가르드 뱀(북유럽 신화에 등장하는 거대한 뱀으로, 신화 속 세계인 미드가르드를 감싸고 있다)을 생각하면 한결 이해하기 쉬울 것이다. 수평선 위로 거대한 뱀 한 마리가 세상을 에워싸 우리를 손아귀에 틀어쥐고 있다. 온 세상이 이 무서운 괴물에 둘러싸여 있고, 섬뜩하게도 우리의 기쁨과 축제까지 포함해 천하 만물이 그의 괴기한 그림자에 덮여 있다.

왠지 모르게 찜찜한 불안도 이와 비슷하다. 차라리 두려운 대상이 확실할 때는 역설적이게도 언제든 희망을 품을 수 있다. 예컨대 암에 걸렸을까 봐 두려울 경우 그냥 양성 종양일 수도 있고 뜻밖의 치료법을 찾을 가망성도 남아 있다. 실종된 아들이 죽었을까 봐 두려울 경우 생각지도 않게 아들이 강제수용소 같은 데 살아 있다가 돌아올 가능성도 있다.

그러나 미드가르드 뱀이 숨통을 조여 올 때는 사정이 사뭇 다르다. 온 세상과 더불어 모든 희망과 두려움마저 불확실해지기 때문이다. 우리가 기도 대상으로 삼는 신들조차 불분명하게 어스름한 그림자에 덮이고, 그리하여 희망도 힘을 잃는다. 재난의 때일수록 이 뱀은 더 바짝 똬리를 튼다.

현대인이 불안한 원인은 무엇인가? 이론으로 답할 생각은 없고, 그 대신 비교적 널리 알려진 환상을 인용해 보겠다. 이 환상을 통해 드러나는 불안의 원인은 섬뜩하면서도 위안이 된다. 바로 장 파울(Jean Paul)의 소설에서, 그리스도가 하나님이 없다고 말하는 대목이다. 소설 속에서 그리스도는 세상의 성전에서 충격적 설교를 통해 여태 자신이 하나님을 믿은 게 과오였고 우리 모두가 고아라고 토로한다.

저자는 교회 묘지 위에서 전체 광경을 조망한다. 관 속의 시신이 기도하려고 손을 모아 올리지만 팔이 쭉 늘어나면서 손과 함께 툭 떨어진다. 교회 지붕에 영원의 시계탑이 있는데 숫자판만 있고 숫자는 없다. 검은 손가락이 시계를 가리킨다. 망자가 시간을 알고 싶은 것이다.

이때 위엄과 기품을 갖춘 인물이 한없이 슬픈 모습으로 하늘에서 제단으로 내려온다. 그러자 모든 망자가 부르짖는다.

"그리스도여, 하나님은 없나요?"

"없다."

소설 속에서 그리스도의 대답은 이렇게 이어진다. "내가 우주를 두루 다녔다. 천계로 올라가 은하수를 따라 아득하게 넓은 하늘을 누볐으나 하나님은 없다. 존재의 음영이 드리워진 맨 밑바닥까지 내려가 심연을 살피며 '아버지여, 어디 계시나이까?'라고 부르짖었으나 들려온 소리라고는 제멋대로 날뛰는 끝없는 폭풍우뿐이다. 해는 없고 심연 위로 서쪽에서 무지개만 반짝이며 물을 뚝뚝 흘렸다. 하나님의 눈을 찾아 광활한 세상을 뒤졌으나 텅 빈 눈구멍은 그 깊이를 헤아릴 수 없었고, 영원이 혼돈 속을 뒹굴며 세상을 갉아먹기를 되풀이하고 있었다. 하나님이 없으니 어두움 속에 애통과 절규만 메아리치는구나."

환상은 가슴 저미는 장면으로 넘어간다. 이번에는 죽은 아이들이 무덤에서 일어나 성전으로 들어가더니 제단 위의 그리스도에게 다가가 묻는다. "예수님, 우리는 아버지가 없나요?" 그분은 눈물을 흘리며 답한다. "우리는 다 고아다. 나도 너희도 아버지가 없다. …… 오, 말없이 텅 빈 허무여! 영원히 싸늘한 필연이여! 이 미친 변덕이여! 너는 아느냐? 성전과 나를 대체 언제 무너뜨리려느냐? …… 온통 광활한 무덤에서 모두가 혼자요 나도 혼자로구나! 아버지여, 아버지여! 우리가 기댈 아버지의 무한한 품은 어디 있나이까? 아, 모든 사람이 그 자신의 아버지고 창조주라면 자신을 멸하는 죽음의 천사도 되겠구나……."

이 장면에 앞서 언급한 불안의 모든 요소가 다 담겨 있다. 불안은 끝없는 공허, 말없는 허무, 아버지 없는 세상에서 기인한다. 그 무법천지가 두려운 것이다. 이 상황의 끔찍한 점은 인간에게 희망이 없다는 사실이다. 최후의 상도, 최후의 벌도 없다. 그래서 도스토옙스키(Fyodor Mikhailovich Dostoevskii)는 모든 것이 허용된다고 말했다. 그래서 인간은 인간에게 그토록 잔인하다.

거기서 귀결되는 상황이 사르트르의 희곡 《닫힌 방》(No Exit)에 묘사되어 있다. 인간이 서로 과시하고 괴롭히며 권력과 안전을 쟁취하려 싸우는 곳, 거기가 바로 지옥이다. 하지만 그래 봐야 결말은 허무다. 심장 박동이 멎은 세상에는 목표나 기초가 더는 없기 때문이다.

인간이 불안을 관망만 하고 있을 리 없다. 에른스트 윙어(Ernst Jünger)의 에세이 *Man in the Moon*(달로 간 사람)에 불안에서 벗어나려는 인간의 시도가 인상적으로 그려져 있다. "내 실존은 무의미한 절망이며, 역사에 딱히 질서가 없으니 괴로울 수밖에 없다. 지구에는 이런 절망이 없다. 달에 와 보니 아무 데서도 의미를 찾을 수 없다. 정말 얼음장처럼 싸늘한 월세계와 분화구뿐. 삶의 의미를 찾기를 포기했기에 나는 심히 괴롭다."

이렇듯 불안에서 벗어나려는 시도는 이제 괴테(Johann Wolfgang von Goethe)의 희곡 《파우스트》(*Faust*)의 주인공 파우스트의 방식과도 다르다. 파우스트는 오늘만을 위해 살다 무기력에 빠졌지만 그래도 의미를 찾으려 했다.

오늘날 인간이 불안이나 무의미에서 벗어나는 방식은 끊임없이 의미를 물으며 도움을 청하기보다 그냥 아예 묻지 않는 것이다. 인간이기를 포기하고 익명의 존재가 되어 대중 속에 파묻히는 것이다. 자신과 전혀 무관한 목표를 위해 기계처럼 절차와 기능만 수행하는 것이다. 거기서 인간은 비로소 안식을 얻는다. 이는 분신자살과도 같은 기만적 평안이고 교묘한 해탈이다. 결국 겉껍데기로 도피하는 것이다. 이런 도피를 현대사회 어디서나 볼 수 있다. 현대인의 삶에서 불안과 도피가 이마에 낙인처럼 찍혀 있지 않은 분야는 별로 없다.

여기서 의문이 생긴다. 이런 기만적 도피 말고 불안을 제대로 정복할 방법은 없을까?

그리스도인이 이 정복을 말하려면 "세상에서는 너희가 환난을 당하나 담대하라 내가 세상을 이기었노라"라고 말씀하신 분을 떠올릴 수밖에 없다(요 16:33). 다만 공허한 위로를 삼가려면 당연히 말씀을 잘 해석해야 한다.

우선 이 말씀은 그분이 죄와 고난과 죽음의 위력을 이기셨다는 뜻이다. 그러나 교회가 그리스도를 단지 죄를 이기고 용서와 의를 베푸시는 분으로만 본다면 이는 한쪽으로 치우친 위험한 시각이다. 옳고 그르고를 떠나 그렇게 한쪽만 보아서는 인간 심연의 문제를 이해할 수 없다는 것이 많은 사람의 생각이다. 신약성경에는 죄뿐만 아니라 고난과 죽음도 다루어지며, 불안의 위력은 바로 거기에 있다. 무서운 허무가 고난과 죽음으로 대변되기 때문이다.

고난이 늘 불러일으키는 의문이 있다.

'기쁨과 고통은 제멋대로 배당되는 것일까?'

'삶이란 그저 정처 없이 허공을 더듬는 여정에 불과할까?'

욥의 절망이 좋은 예다. 죽음도 허무의 그림자를 드리운다. "그러므로 내일 죽으리니, 오늘은 먹고 마시며 즐기자." 먹고 마신다는 말은 불안을 묵살한다는 뜻이다.

놀랍게도 성경에서 두려움과 불안의 반대는 '사랑'이다. 사랑 안에 두려움이 없다고 요한일서에 나와 있다(요일 4:18). 불안도 마찬가지다. 불안의 반대가 예상과 달리 '꿋꿋하고 의연한 용기'가 아니라서 놀랍다. 용기는 불안을 억누를 뿐이지 정복하지는 못한다. 불안을 물리치는 긍정적 힘은 바로 사랑이다.

그 의미를 이해하려면 앞서 말한 불안의 근본 원인으로 돌아가야 한다. 즉 불안은 결속이 깨진 상태고, 사랑은 결속이 회복된 상태다. 세상에 내 아버지가 계시다는 것과 내가 사랑받는 존재임을 그리스도 안에서 알 때 불안은 사라진다. 물론 불안의 배후 세력은 여전히 그대로다. 알브레히트 뒤러(Albrecht Dürer)의 그림 〈기사, 죽음, 악마〉(Knight, Death and the Devil)에 보면 죽음과 악마는 기사가 가는 길에 잠복해 있다. 하지만 이미 힘을 잃은 상태다. 단순히 비유하자면(궁극의 의문일수록 단순해질 필요가 있다), 아무리 어두운 숲속에서도 아빠의 손을 꼭 붙잡고 있는 아이는 두려워하지 않는다.

예수 그리스도께서도 숨통을 조여 오는 고난에 마주 서셨다. 당시 기록을 보면 그분이 십자가에서 마지막으로 하신 말씀은 "나의 하나님, 나의 하나님, 어찌하여 나를 버리셨나이까"라는 불안의 절규다(마 27:46).

그런데 잘 보면 그분은 절망을 외치실 때도 골고다의 허공에 대고 하신 게 아니라 "나의 하나님, 나의 하나님" 하고 아버지를 부르셨다. 아버지의 손을 꼭 붙잡으신 것이다. 그분은 불안을 아

아무리 어두운 숲속에서도 아빠의 손을

꼭 붙잡고 있는 아이는 두려워하지 않는다.

예수 그리스도께서도 숨통을 조여 오는 고난에 마주 서셨다.

그러나 그분은 절망을 외치실 때도

골고다의 허공에 대고 하신 게 아니라

"나의 하나님, 나의 하나님" 하고 아버지를 부르셨다.

아버지의 손을 꼭 붙잡으신 것이다.

버지게 완전히 내려놓으셨다.

그리스도를 아는 사람은 불안할 때도 혼자가 아니기에 안심할 수 있다. 그분이 우리를 위해 고난당하셨다. 그분을 믿는 사람은 역사가 그리스도로 완성된다는 사실 또한 알게 된다. 초대교회 공동체는 그분이 영영 가신 게 아니라 다시 오실 것을 알았다. 그래서 미래를 보는 눈이 새로워졌다.

이제 나는 무슨 불운한 일이 닥칠지 몰라 오리무중의 앞길을 불안하게 내다보지 않는다. 모든 게 달라졌다. 우리는 장차 무슨 일이 닥칠지는 몰라도 누가 다시 오실지는 안다. 최후 승리가 우리 것이니, 그 너머도 두려워할 것 없다.

2. 하나님의 침묵을 듣다

그분과 대화하며 씨름하는 믿음

*   스탈린그라드 전투[1942년 8월에서 1943년 2월까지
     소련 스탈린그라드에서 벌어졌던 독일과 소련군 사이의
     공방전. 제2차 세계대전 중에서 최대의 격전이었다]가
     한창이던 1943년에 한 설교.

예수께서 거기서 나가사
두로와 시돈 지방으로 들어가시니
가나안 여자 하나가 그 지경에서 나와서
소리 질러 이르되
주 다윗의 자손이여 나를 불쌍히 여기소서
내 딸이 흉악하게 귀신들렸나이다 하되

예수는 한 말씀도 대답하지 아니하시니
제자들이 와서 청하여 말하되
그 여자가 우리 뒤에서 소리를 지르오니
그를 보내소서

예수께서 대답하여 이르시되
나는 이스라엘 집의 잃어버린 양 외에는
다른 데로 보내심을 받지 아니하였노라 하시니

여자가 와서 예수께 절하며 이르되
주여, 저를 도우소서

대답하여 이르시되
자녀의 떡을 취하여 개들에게 던짐이
마땅하지 아니하니라

여자가 이르되
주여, 옳소이다마는 개들도 제 주인의 상에서 떨어지는
부스러기를 먹나이다 하니

이에 예수께서 대답하여 이르시되
여자여 네 믿음이 크도다
네 소원대로 되리라 하시니
그때로부터 그의 딸이 나으니라.

마태복음 15장 21-28절

신약성경의 세계에서 이 여자는 중요하지 않은 주변 인물이다. 나사렛 예수의 역사에서 주목받는 중심인물에 들지 못한다. 그녀는 제자나 대제사장이나 선지자나 빌라도가 아니다. 이들은 다 역사의 수레바퀴를 미는 데 일조했다. 세계라는 무대로 전개되는 위대한 드라마에서 그분의 추종자 혹은 적으로서 모두 예수님에 대해 뭔가 알았다.

반면에 이 여자는 역사를 움직이지도 않았고 신앙을 고백할 만큼의 지식도 없었다. 예수님이 세상을 정복하실지 아니면 고난당하실지는 그녀와 상관없는 문제였다. 메시아 문제에 전혀 문외한인 그녀는 두로와 시돈 지방 너머로는 아는 사람도 없는 빈민이었다.

렘브란트(Rembrandt Harmenszoon van Rijn) 그림의 가장자리에 희미하게 보이는 군상처럼 그녀도 흐릿한 주변 인물이다. 그런데 지식도 없고 역사에 딱히 일조한 바도 없는 그녀에게 문득 예수님의 눈빛이 머문다. 그분의 입에서 "네 믿음이 크도다"라는 놀라운 말씀이 나온다(마 15:28).

그분을 위해 모든 것을 버린 제자 중 그 누구에게도 하신 적이 없는 말씀이다. 그분에게서 이 말씀을 들은 사람이 딱 한 사람 더 있는데, 그 역시 가버나움의 백부장이라는 무명의 주변 인물이다(눅 7:9).

그녀가 대체 무엇을 했기에 예수님이 그토록 믿음을 칭찬하셨을까? 그저 그분을 만나 손을 내밀었을 뿐인데 말이다.

교리를 하나도 이해하지 못하거나 의심이 풀리지 않는 이들이 우리 중에 있거니와, 그들은 귀를 쫑긋 세우고 이 큰 믿음에 대해 귀를 기울여야 한다. 이 믿음은 진리를 터득하거나 교리를 이해하는 능력과는 무관하기 때문이다. 여기 하나님과 대화하며 씨름하는 믿음이 있다.

대화가 어떻게 전개되는지는 쉽게 파악된다. 우선 여자가 몸짓과 부르짖음으로 예수님 앞에 문제를 아뢴다. 그런데 돌아오는 반응은 위태로운 침묵이다. 한동안 둘 사이에 소통이 끊기고 위기가 고조된다. 둘 중 어느 한쪽이 당장이라도 일어나 자리를 뜰 것만 같다. 그러다 마침내 합의에 도달한다. 예수님이 일어나 손을 내밀며 "잘하였도다, 충성된 딸아"라고 하시는 말씀이 시간을 넘어 영원 속으로 울려 퍼진다.

이렇듯 그분의 침묵과 거부와 지체와 수용이 대화에 차례로 등장한다. 예수님과 대화하려는 이들은 지금부터 살펴보려는 말씀에 주목해야 한다. 신약성경에서 가장 심오하다 못해 이해하기 힘든 이야기 중 하나다.

우선 여자는 예수께 어떻게 왔는가? 본문 22절에는 "가나안 여자 하나가 그 지경에서 나와서"라고만 되어 있다. 이 건조한 표현에 깊은 의미가 숨어 있다. 그녀가 나오려면 나사렛 사람에 대한 자민족의 편견을 물리쳐야 했다. 국경까지 넘어야 했다. 그녀가 들어서야 할 땅의 민족성과 세계관은 그녀 주변의 모든 통념과는 천지 차이로 달랐다. 게다가 위험이 따르는 일이었다. 그녀는 그분을 소문으로만 알았다. 그게 헛소문일 경우 자신의 행동이 말짱 헛수고다 못해 오히려 비난만 자초할 수도 있음을 감수해야 했다.

본래 모든 믿음은 그렇게 시작된다. 우리도 나사렛 예수께 다가가려면 세월을 뛰어넘어 멀고 낯선 이국땅으로 가야 한다. 주변의 큰일을 뒤로하고 고요한 정적 속으로 들어가야 한다. 예수님을 둘러싼 정적은 지축을 흔드는 이 시대의 역대급 참사와 충격적 비화보다도 더 천지를 개벽한다. 요컨대 여자는 예수께 그렇게 왔다.

하지만 기민한 그녀도 나사렛 예수께는 상대가 못 됐다. 그분의 테스트와 지체하심과 침묵을 거쳐야 했던 것이다. 루터는 이 여자가 문전박대를 당한 후에야 비로소 도움을 받을 수 있었다고 말했다.

여자의 간청에 그분은 일단 침묵하신다. "예수는 한 말씀도 대답하지 아니하시니"(마 15:23).

하나님의 침묵은 신앙의 가장 큰 시험이다. 우리도 다 아는 사실이다. 에드빈 드빙거(Edwin Erich Dwinger)의 소설 *And God Is Silent*(그래도 신은 침묵한다)가 절로 떠오른다. 이 제목은 소련에서 벌어진 잔혹한 사건에 대한 작가의 비난조 모토다. 책을 들먹일 필요도 없다. 우리 모두의 고백도 동일하지 않은가? 하나님이 스탈린그라드 전투에 대해 침묵하신다고 우리도 똑같이 비명을 지르지 않는가? 그 폐허의 아수라장에서 무슨 소리가 들려오는가? 요란한 대포 소리와 죽어 가는 이들의 울부짖음이 아닌가?

그런데 하나님의 음성은 어디 있는가? 하나님만 생각하면 갑자기 아주 조용해지지 않는가? 수류탄이 난무하는 생지옥의 한복판인데도 미세한 소리까지 구분될 정도로 적막에 휩싸인다. 아무런 음성도, 대답도 없다. 설령 하나님, 높은 파도를 그치게 하시는 그 심판자(욥 38:11)의 음성이 들리는가 싶어 곧바로 "왜 하필 이 사람인가요? 왜 제 형제인가요? 왜 제 남편이죠?"라고 아무리 되물어도 다시 그분의 침묵만 남는다.

세례 요한도 감옥에서 우리처럼 의문에 시달렸다. 답 없는 의문을 품고 하나님의 침묵 때문에 힘들어한 사람이 20세기의 우리만이 아니라는 사실이 큰 위안이 된다. 불안한 세례 요한의 의문은 '소위 메시아께서 제자를 거느리고 버젓이 활보하시는데 그분의 전령은 철창 속에 꼼짝없이 갇혀 언제 죽을지 모른다는 게 말이나 되는가? 미칠 노릇 아닌가?'였다.

그래서 그는 예수님의 침묵이라는 운명에 맞서 절망을 토로한다. "당신이 언제까지나 우리 마음을 의심하게 하려 하나이까. 그리스도시라면 밝히 말씀하소서."

이는 이런 말이나 같다. "기적을 행해서라도 당신이 그리스도임을 보여 주십시오. 당신의 침묵이 얼마나 무서운 결과를 낳는지 모르십니까? 모두에게 음성을 들려주시는 게 얼마나 더 자비로운 일인지 모르십니까? 그러면 우리도 더는 불안에 시달리며 괴로워할 필요가 없습니다. 왜 이렇게 믿음과 의심 사이를 왔다 갔다 하게 하십니까? 하나님이시라면서 왜 밝히 말씀하지 않으십니까?"

제자들은 어떤 상황에서든 오래 침묵하지 못한다. 낭자한 유혈을 오래 보고 있지 못하고 괴로운 절규를 오래 듣고 있지 못한다. 그렇다고 그들이 예수님보다 더 자비롭다는 뜻인가? 천만의 말이다! 제자들도 인간인지라 예수님의 침묵이나 여자의 괴로움을 견디지 못했다. 결코 그들이 더 자비로워서가 아니다. 가나안 여자도 그것을 알았다. 몰랐다면 그들에게 간청했을 것이다. 이미 진력난 그들이 더 잘 도와줄 테니 말이다. 그녀가 알았듯이 제자들은 자비로워서 그녀의 청을 들어 주자고 한 게 아니다. 다만 그 상황에서 어찌할 바를 몰랐을 뿐이다.

오늘날에도 일부 사람의 이런 태도가 호의와 친절로 보일 수 있으나 사실은 그렇지 않다. 몸이 성치 못하여 길가에서 구걸하는 이들은 사실 인간의 자비를 믿지 않는다. 믿는다면 그토록 쉴 새 없이 적선을 호소하지 않을 것이다.

가나안 여자가 의지한 대상은 인간이 아니라 침묵하시는 예수님이었다. 하나님의 침묵을 평가할 기준은 분명히 인간의 기준과는 달라야 한다. 여자는 침묵의 배후를 더듬었다. 새벽까지 밤을 지새워야 했다 해도 그녀는 예수님의 능력 자체를 의심하거나 두려움을 품지 않았을 것이다.

하나님이 우리 기도에 응답하지 않으실 때는 대개 침묵 이면에 그분의 더 깊은 뜻이 있다. 그분은 세상과 우리 삶을 향한 그분의 계획대로 돌을 하나씩 끼워 맞추신다. 그런데 우리에게는 뒤죽박죽 무의미한 돌무더기만 보이고, 하늘은 말이 없다. 삶, 고난, 불의, 죽음, 살육, 파멸 등 덧없어 보이는 운명들이 얼마나 불시에 덮쳐 오는가! 그래도 하늘은 그저 침묵으로 일관한다.

십자가야말로 가장 적막한 하나님의 침묵이다. 그때 어둠의 세력에게 하나님의 아들을 무너뜨릴 마지막 기회가 허락되었다. 귀신이 우르르 풀려나면서 아담의 타락 이후로 가장 괴상하고 기이한 악에게 자유재량이 주어졌다. 그래도 하나님은 아무 말씀이 없으셨고, 죽어 가는 아들이 그분의 침묵에 항변하며 애타게 부르짖을 뿐이었다.

"어찌하여 나를 버리셨나이까!"

이성 없는 자연이 웅장한 몸짓으로 말하고 해조차 빛을 거두었건만 하나님은 침묵하셨다. 별무리가 외치는데도 그분은 묵묵부답이셨다.

하지만 이제 그 침묵의 위대한 신비를 들으라. 하나님이 한 말씀도 대답하지 않으시던 그 순간이 곧 결정적 전환점이었다. 그때 성전 휘장이 찢어지고 그분의 상처투성이 심장이 드러났다. 침묵하실 때도 그분은 우리와 함께 고난당하셨다. 죽음과 깊은 밤을 말없이 우리와 함께 겪으셨다. 우리는 그분이 무심하거나 심지어 죽은 줄로 알았지만 그분은 우리를 훤히 아셨고 어둠의 세력 저편에서 사랑으로 일하셨다.

골고다에서의 침묵의 밤이 있었기에 오늘의 우리가 십자가의 능력에 힘입어 살아간다. 그분이 지신 십자가가 없다면 지금 우리는 어디에 있겠는가? 하나님은 우리의 어둡고 외롭고 기나긴 적막이 흐르는 밤 속으로 아들을 보내셨고, 그 아들을 통해 사망의 음침한 골짜기를 우리와 함께 통과하셨다.

과연 그분께는 더 깊은 뜻이 있었고, 그 뜻은 3일 뒤 모든 예상을 뛰어넘는 영광과 능력으로 실현되었다. 이 사실을 모른다면 우리는 어찌 되겠는가?

참으로 하나님의 침묵은 인간의 침묵과는 다르다. 배 안에 말없이 잠들어 계실 때도, 예수님은 의심하며 불안하게 부르짖던 제자들보다 더 자비로우셨고, 더 가까이서 더 확실하게 도우실

하나님이 한 말씀도 대답하지 않으시던 그 순간이

곧 결정적 전환점이었다.

그때 성전 휘장이 찢어지고 그분의 상처투성이 심장이 드러났다.

침묵하실 때도 그분은 우리와 함께 고난당하셨다.

죽음과 깊은 밤을 말없이 우리와 함께 겪으셨다.

우리는 그분이 무심하거나 심지어 죽은 줄로 알았지만

그분은 우리를 훤히 아셨고

어둠의 세력 저편에서 사랑으로 일하셨다.

골고다에서의 침묵의 밤이 있었기에

오늘의 우리가 십자가의 능력에 힘입어 살아간다.

수 있었다. 하나님과 예수님은 무심해서가 아니라, 더 깊은 뜻이 있으셔서 때로 침묵하신다. 즉 침묵으로 끝날 운명이 아니라는 말이다. 가나안 여자는 그것을 알았다. 그래서 낙심하지 않고 침묵의 시간을 견뎠다.

그런데 돌아온 그분의 반응은 또다시 거절이었다. 이로써 그녀의 믿음도 두 번째 시험대에 선다. 말을 아끼시는 그분에게서 차례로 두 문장이 들려온다.

"나는 이스라엘 집의 잃어버린 양 외에는 다른 데로 보내심을 받지 아니하였노라"(마 15:24). "자녀의 떡을 취하여 개들에게 던짐이 마땅하지 아니하니라"(26절).

한마디로 명백히 그녀는 그분께 맡겨진 그분의 자녀가 아니라는 뜻이다.

암울한 두 문장 사이에 "주여, 저를 도우소서"라는 부르짖음이 들릴 뿐이다(25절). 하지만 로켓처럼 쏘아 올린 이 절규마저 그분의 막강한 침묵에 덮여 사라진 것만 같다.

예수님의 이 말씀은 무슨 뜻인가? 하나님의 구원 계획에 따라 자신의 일을 반드시 이스라엘에서 시작해야 한다는 단순한 의미다. 온통 죄에 빠져 있는 인류에 대한 그분의 구원은 여기 가장 낮은 데부터 임한다. 그 뒤에야 그분의 일이 확장되는데, 아직은 그 첫 임무가 완수되기 전이다. 이방인의 차례는 아직 오지 않았다. 그래서 예수님은 아직 이 여자에게 자신을 내주실 수 없었다.

다시 말해서 그녀는 하나님이 선하시지만 자신에게는 선하지 않고, 예수 그리스도가 구주시지만 자신의 구주는 아니며, 성도가 교제하지만 자신은 거기에 낄 수 없음을 확인한 셈이다.

우리도 다 비슷한 일을 겪지 않았는가? 오늘날 많은 사람이 고백하는 나사렛 예수는 아주 자비로우신 분이다. 우리도 그분의 평안 안에 거하고 싶다. 그간 힘이 들 때면 그분에 대한 여러 좋은 말이 어머니의 손길처럼 우리를 달래며 새 힘을 주곤 했다. 그래서 그런 말을 들으면 부활절 밤의 파우스트처럼 반응하는 이가 많다. 파우스트는 아주 위험하고 절박한 순간에 독배를 마시고 죽으려다가 갑자기 부활절 종소리를 듣고 신기하게 고향과 유년의 추억이 떠올라 하려던 행동을 멈춘다. 비슷하게 예수님의 말씀에도 신기한 힘이 있어 멀리서부터 우리를 반겨 준다.

그런데 문득 쓰라린 현실을 깨닫는다.

'나는 예수님을 믿지 않잖아?'

왜 믿지 못할까? 예수라는 인물은 난해한 면이 아주 많다. 십자가와 부활도 그렇고 각종 교리도 그렇다. 그분의 평안 안에 거하고 싶어도 교회와 기독교에 통 이해할 수 없는 내용이 참 많다. 그분의 좋은 말씀을 묘약처럼 받아들이려 해도 그런 부분이 영 걸린다.

가장 큰 걸림돌은 따로 있다. 반감이 드는 부분이 워낙 많아 그리스도인이 될 수 없다는 것이다. 예컨대 하나님은 마냥 불의

해 보이기 일쑤고, 교만한 인간이 승승장구하는 상황이 도처에 가득 펼쳐진다. 사랑과 정의를 믿어도 소용없고, 하늘에 계시다는 사랑의 아버지는 유치한 꿈에 불과해 보인다. 그러니 어떻게 그리스도인이 될 수 있겠는가?

"믿음을 선물로 받은 이들이야 모든 게 수긍이 가서 좋겠지만, 나는 믿음을 받지 못해서 거기에 낄 수 없어"라고 말하는 이들이 얼마나 많은가? 그들은 가나안 여자를 이해한다. '아, 나는 한편이 아니구나. 거기 낄 수 없구나.'

그 이유를 안다고 생각하는 사람도 많다. 그들은 "이건 내 힘으로 안 되는 문제야. 믿음을 선물로 받는 사람도 있지만 거기서 제외되는 사람도 있거든. 원한다고 믿어지는 게 아니야. 나는 믿음을 받지 못해서 제외되었는데 믿음을 받은 이들은 얼마나 좋을까"라고 말한다.

내 좋은 친구들과 함께 걷던 수많은 거리, 막사에서 보낸 숱한 밤이 떠오른다. 예수라는 인물에 대한 우리의 대화는 매번 "나는 못 해. 못 믿겠어"라는 말로 끝이 났다. 돌아보면 나사렛 예수에 관해 대화할 때 친구들은 자신이 동경하면서도 제외되었다고 생각한 세계를 멀리서 바라보았다. 그중 한 친구는 "내게 믿음이 주어지지 않았다는 걸 너도 이해해야 돼. 믿고 싶어도 내 재주로는 안 되거든. 네가 십자가 앞으로 나아간다면 나도 응원하지. 다른 건 다 공유하고 입장도 같은 우리가 여기서 갈리다니 정말 안

타깝구나"라고 말했다.

그 좋은 친구들을 지금도 만난다. 오늘 이곳에도 그런 사람이 많을 것이다. "나는 믿음을 받지 못해서 거기 낄 수 없어"라고 말하는 이들 말이다.

마태복음 15장 본문의 여자는 자신이 제외되었다고 생각한 정도가 아니라 실제로 "너는 내 자녀가 아니다"라는 권위 있는 선언을 들었다. 그런데도 그녀가 어떤 식으로 준비되어 있었는지 보라. 그녀는 어떻게 반응하는가? 이 상황에서 그녀의 큰 믿음은 무엇인가?

그녀의 믿음은 난해한 교리와 필요한 신조를 소화하는 남다른 재능이 아니었다. 그런 말은 성경 본문에 나와 있지 않다. 그녀는 특별한 종교심이나 추론 능력을 받은 게 아니었고, 반론을 제기할 만한 비판력이나 지력이 모자라지도 않았다.

그녀의 믿음은 단순히 그분이 자신을 도우실 수 있다는 깊은 신뢰였다. 그래서 그녀는 이 구주께 주리고 목말라 그분만을 찾고 부를 수 있었다.

한없이 높으신 그분이 우리를 도우신다. 친구여, 그분께 주리고 목마른 마음이 당신 안에 조금이라도 있어 그 마음으로 그분께 나아간다면 이미 그게 믿음이다. 예수님은 주리고 목마르고 슬픈 이들이 복되다고 하셨다. 자신이 믿는 교리로 충분하거나 옳다고 자랑할 수 없는 이들에게 "잘하였도다"라고 칭찬하시는 그분이 아닌가.

> *전부이신 주께*
> *빈손 들고 옵니다.*

하나님은 마음이 주리고 심령이 상한 이들을 가장 기뻐하신다. 그런데 사실 주림과 목마름은 이미 우리도 다 아는 갈망 아닌가. 여기에 우리는 두 가지로 반응할 수 있다. 하나는 그것을 제멋대로 두기보다 억압하는 것이다. 소소한 일상의 염려와 즐거움 속에 묻어 두는 것이다.

또 하나는 이 여자처럼 위험을 감수하고 그냥 예수께 나아가는 것이다. 정말 우리도 그래야 한다. 아우구스티누스(Augustinus)의 말마따나, 우리가 하나님을 찾을 수 있음은 그분이 이미 우리를 찾으셨기 때문이다. 그녀가 주저하지 않은 이유도 주님이 침묵하실망정 주저하지 않으셨기 때문이다.

대화는 더 이어져 마침내 절정에 이른다. 우리의 긴장도 고조된다. 양쪽 사이에 벽이 쳐져 있다는 예수님의 선언에 여자는 어떻게 반응할 것인가? 딱한 처지를 강조할까? 아니면 큰 믿음을 내세울까? 길가의 걸인처럼 행동할까? 하나님의 동정을 바랄까? 작가 발터 플렉스(Walter Flex)의 말처럼 당황한 겁쟁이의 기도라도 올릴까? 우는소리를 늘어놓을까?

다 아니다. 여기서 아주 기상천외한 일이 벌어진다. 그녀가 "주여 옳소이다"라고 답한 것이다(마 15:27). 이 말은 "저를 무시하시는 주님의 침묵이 옳다는 것을 인정합니다. 주님이 저를 도와 주시는 게 결코 당연하지 않습니다. 나사렛 예수께서는 제 청을 물리치실 권리가 있지만, 저는 주님께 아무런 권리도 없습니다"라는 뜻이다.

이 말에 함축된 엄청난 의미를 우리도 깨달아야 한다. 바로 하나님의 수용을 당연시해서는 안 된다는 뜻이다. 예수님이 나를 위해 십자가에서 죽으신 것도 당연한 일이 아니다. 유럽의 그리스도인은 하나님이 무조건적으로 은혜를 베푸신다는 위험하고 해로운 생각에 점차 익숙해졌다. 〔18세기 프랑스의 계몽 사상가〕볼테르(Voltaire)는 용서가 하나님의 본분이라고 냉소적으로 말했으나 이는 틀린 말이다. 진리는 대중이 지닌 통념과는 전혀 다르다.

하나님 나라는 무조건 주어지는 게 아니다. 하나님의 은혜도 침묵할 수 있다. 우리는 은혜를 받을 권리가 전혀 없다. 죽음의 순간에 예수님이 저편에서 나를 맞아 주지 않으실 수도 있으며, 그래도 나는 하나님을 탓할 수 없다. 예수님이 내 죗값을 치르고 나를 영생으로 인도하실 의무나 책임은 전혀 없다. 그분이 그렇게 해 주신다면 이를 당연시해서는 안 된다. 감히 말하거니와, 최고의 정통 그리스도인도 자신에게 베풀어진 은혜에 끊임없이 놀라지 않는다면 천국에 들어갈 수 없다. 하나님의 진노가 우리에게 부당하다거나 은혜가 마땅히 우리 몫이라고 말해서는 안 된다.

다행히 신종 이교에 질린 젊은 그리스도인이 많아지고 있다. 그들이 표현하는 경이는 조상의 안전한 전통을 물려받은 이들보다 훨씬 더 명쾌하고 현실감 있다. 우주의 위대한 초월자이신 하나님이 황송하게도 자녀를 불쌍히 여겨 용서하시니 경이로울 수밖에. 안일한 서구 그리스도인에게 이 경이가 되살아나려면 지금의 하나님관부터 완전히 버려야 한다.

"주여 옳소이다"라는 말 속에 이 모든 의미가 함축되어 있다. 이 괴로운 여자는 은혜가 자신을 비켜 가더라도 정당하다고 수긍했다. 그래서 예수님을 저주할 생각이 조금도 없었다.

극적인 대화는 이어지는 여자의 말로 거의 끝에 다다른다. "옳소이다마는 개들도 제 주인의 상에서 떨어지는 부스러기를 먹나이다"(마 15:27). "-마는"이란 표현은 직전에 보인 전적인 수긍과 모순되지 않는가? 여기서 비논리로 선회하는 것인가?

이 비논리(그렇게 표현해도 된다면)야말로 기도의 위대한 비밀이다. 주기도문에서도 그것을 볼 수 있다. "〔아버지의〕 뜻이 …… 이루어지이다"라는 기도는(마 6:10) "주여 옳소이다"와 같은 맥락의 기도다. 그런데 동시에 우리는 일용할 양식과 다른 필요한 많은 것을 구한다. 이 모순을 어떻게 설명할 텐가? 다시 말하지만 이것이 기도의 가장 깊은 신비다.

"(아버지의) 뜻이 …… 이루어지이다"라는 기도를 누구에게 하는지를 우리가 알기 때문이다. 이것은 하나님의 뜻이 곧 우리의 뜻이 되게 해 달라는 기도다. 이 간구에 내가 체념해야 한다는 의미는 없다. 그러지 않아도 된다. 오히려 "주여 옳소이다"라는 고백에 기쁨이 묻어난다. 상대가 어떤 분이신지 그녀도 알고 있어서다. "옳소이다"라는 말에 그분이 문제를 바로잡아 주시리라는 그녀의 깊은 확신이 담겨 있다. 예수님의 사랑에 동의하는 말이기 때문이다.

예수님의 거부와는 별개로 그분의 사랑은 금방이라도 영광과 은총으로 터져 나와 믿음의 여인에게 복을 베풀려고 침묵 속에 숨어 기다리고 있다. 그리하여 그녀는 장차 십자가의 밤이 찾아와 모든 사람이 달아날 때도 뒤로 물러서지 않을 것이고, 박해와 공포가 닥치고 하나님이 침묵하시고 성도의 사랑이 식을 때도 길을 잃지 않을 것이다. 하나님께 세상을 향한 더 깊은 뜻이 있으며 평화의 길이 이미 검증되었음을 알기 때문이다.

"주여 옳소이다"라고 아뢸 용기가 있었기에 그녀는 "-마는"의 간구로 즐거이 넘어갈 수 있었다. "-마는"이란 말 속에 "저는 주님께 속할 자격도, 아무런 권리도 없습니다. 나사렛의 구주는 저를 그냥 지나치셔도 됩니다"라는 의미가 함축되어 있다.

그런데 그분이 어떻게 그러실 수 있을까? 자신의 모든 공로와 성취와 도덕성과 큰 믿음마저 내려놓는 사람을 그분이 어떻게 그냥 지나치실 수 있을까? 전부 제쳐 두고 무엇이든 그분의 사랑과 후하신 손에만 의지하는 사람을 그분이 어떻게 외면하실 수 있을까? 나사렛의 구주께서 어떻게 그러실 수 있을까?

그렇다. 예수님은 결코 그러실 수 없다. 루터의 말대로 "이 여자는 예수님의 말씀을 액면 그대로 믿었다." 특히 그분이 주리고 목마르고 영적으로 가난한 이들을 사랑하신다는 말씀과 통회하는 마음을 멸시하지 않으신다는 말씀을 믿었다. 그녀는 다른 누구도 할 수 없는 일을 했으니 곧 구주를 그분의 말씀으로 얽어맨 것이다. 그녀가 "그분의 발 앞에 던진 그분의 약속 보따리"를 그분은 밟으실 수 없었다.

그녀가 승리한 이유는 믿음이 커서가 아니라 구주의 말씀을 액면 그대로 믿어서다. 그녀로 인해 하나님의 심장이 하나님의 침묵을 이겼다. 바로 이것이 큰 믿음이며, 그래서 그녀는 천국에서 지극히 작은 자가 아니다.

이 심오한 이야기를 우리 삶에 적용해야 한다. 그래야 우리도 그렇게 될 수 있다. 주님이 침묵하시는 것 같을 때 우리도 가나안 여자처럼 그분과 씨름해야 한다. 그분이 복을 베푸시기 전에는 그분을 보내 드려서는 안 된다. 그분께 우리의 빈손, 간절한 손을 보여 드려야 한다.

그분은 자녀에게 돌이 아니라 빵을 주시는 분이며, 그래서 교인도 아니고 별로 존중받지도 못하던 가엾은 한 여자에게 은혜

자신의 모든 공로와 성취와 도덕성과

큰 믿음마저 내려놓는 사람을

그분이 어떻게 그냥 지나치실 수 있을까?

전부 제쳐 두고 무엇이든

그분의 사랑과 후하신 손에만 의지하는 사람을

그분이 어떻게 외면하실 수 있을까?

예수님은 결코 그러실 수 없다.

그녀가 "그분의 발 앞에 던진 그분의 약속 보따리"를

그분은 밟으실 수 없었다.

를 베푸셨다. 그렇다면 감히 자신이 부름받고 선택받았다고 믿지 못하면서도 매시간 이렇게 기도하는 이들에게도 그분은 은혜를 베푸신다.

　"주여, 옳소이다마는 우리에게 자비를 베푸소서."

3. 이제 그분의 질문에 답해야 할 때

순종의 태도로만 넘을 수 있는 경계선

요한의 세례가 어디로부터 왔느냐
하늘로부터냐 사람으로부터냐

그들이 서로 의논하여 이르되
만일 하늘로부터라 하면
어찌하여 그를 믿지 아니하였느냐 할 것이요
만일 사람으로부터라 하면
모든 사람이 요한을 선지자로 여기니
백성이 무섭다 하여
예수께 대답하여 이르되
우리가 알지 못하노라 하니

예수께서 이르시되
나도 무슨 권위로 이런 일을 하는지
너희에게 이르지 아니하리라.

마태복음 21장 25-27절

우리가 즐겨 생각하는 '사랑의 구주'는 아이를 축복하시는 분, 잃어버린 영혼을 끝까지 찾으시는 분, 자신을 처형하는 가해자를 용서하시는 분이다. 그런데 이 마태복음 21장 본문에서는 소위 사랑의 구주께서 중요한 신앙 문제에 대한 열띤 토론을 끝내면서 문을 쾅 닫고 청중을 떠나신다. 목양의 대화가 이렇게 끝이 나도 되는가?

이야기 속에 견디기 힘든 끝모를 긴장이 감돈다. 발단은 이 질문이다. "네가 무슨 권위로 이런 일을 하느냐 또 누가 이 권위를 주었느냐"(마 21:23).

분명히 솔직한 관심에서 비롯한 질문으로 보인다. 그런데 예수님은 냉정한 말씀으로 이 대화를 끝내신다. "나도 무슨 권위로 이런 일을 하는지 너희에게 이르지 아니하리라"(27절).

그분의 외면이 충격과 거부로 다가오지 않는가? 이를 어떻게 봐야 할까? 우선 이 사람들이 무엇을 했기에 그분이 이토록 매정하게 대하실까? 틀림없이 뭔가 크게 잘못하지 않았겠는가?

많은 신자가 흔히 하는 불평이 있다. 하나님이 무섭도록 침묵하시며, 특히 그리스도를 대할 때 닫힌 문 앞에 꼼짝없이 서 있는 심정이라는 것이다. 삶이 온통 무의미하다고 결론지을 수도 있다. 기도해도 아무런 응답이 없으니 말이다. 이런 상황에서 우리가 물어야 할 게 있다. 하나님 주변의 쥐 죽은 듯한 침묵과 답답한 정적은 혹시 우리가 아직 그분의 말씀을 들을 준비가 되어 있지 못해서가 아닐까? 그래서 그분이 일부러 침묵하시는 게 아닐까?

어쨌든 분명한 건 이것이 우리 삶에 영향을 미치는 문제인 만큼 우리도 이 이야기에 직접 연루될 수밖에 없다는 사실이다.

앞서 본문에서 보았듯이 이야기는 종교 고위층이 예수께 나아와 질문하는 것으로 시작된다. 무슨 권위로 이런 일을 하며 또 누가 이 권위를 주었느냐는 질문이다. 권위를 준 이가 누구냐는 것이다. 이 질문이 대체 왜 나왔을까?

이미 예수님은 언행과 태도로 이 사람들에게 강한 인상을 남기셨다. 그분의 말씀은 다른 설교자와는 판이했다. 서기관과 바리새인 같지 않고 권위 있게 말씀하신다는 성경 기록이 있을 정도다. 과연 무엇이 달랐을까? 더 열정적으로 힘차고 설득력 있게 말씀하셨을까? 하나님의 일을 더 많이 아셨을까? 우리는 모른다. 모두 가능한 답이지만 결정적 요소는 아니다.

결정적 요소는 바로 이것이다. 서기관과 바리새인 등 다른 설교자는 율법에 나타난 하나님의 뜻을 사뭇 진지하게 설파했다. 우리를 찾으시는 아버지의 사랑과 용서, 인간과 맺으시는 언약

등을 가르쳤다. 예수님도 동일한 주제를 다루셨으나 말로만 가르치신 게 아니라는 점에서 완전히 달랐다. 말씀하실 때 그분은 능동적이고 창의적으로 하나님의 세계로 들어가셨고, 이로써 상황이 송두리째 달라졌다.

예컨대 죄인을 대하실 때 그분은 그 사람이 심판의 하나님 앞에서 망해야 마땅하나 바른 태도로 나아가면 혹시 자비와 은혜의 하나님이 의롭다 하실 수도 있다는 식으로 설교하거나 강의하지 않으셨다. 다만 그 사람에게 직접 "네 죄 사함을 받았느니라"라고 권위 있게 선언하셨다. 그러면 그 사람은 죄의 사슬이 끊어진 것을 알고 새로운 피조물로서 일어나 나갔다.

예수님의 말씀은 말에만 그치지 않고 실행으로 이어진다. 그야말로 만물을 새롭게 하시는 놀라운 창조 행위다. 다른 어느 인간도 그렇게 할 수 없다. 여기서 우리는 "권위"라는 말이 신약에 어떤 의미로 쓰였는지 알 수 있다.

세상의 슬픔과 불안과 질병과 죽음을 그분이 어떻게 다루시는지도 봐야 한다. 다른 인간 설교자가 할 수 있는 말은 장차 하나님의 날이 이르면 더는 슬픔이나 울음이 없고 그분이 모든 눈물을 닦아 주신다는 정도다. 그러나 예수님이 등장하시면 달라진다. 걷지 못했던 이가 실제로 즉시 일어나 걷고, 앞을 볼 수 없던 이가 눈을 뜨고, 가난한 사람이 즐거워지며, 압제받던 사람이 찬양을 한다. 이렇게 그분은 장차 하나님이 반드시 완성하실 일을 생생히 예고하신다. 밝아 올 하나님의 날을 미리 눈앞에 보여 주신다.

이 모든 일을 목격한 사람이라면 그분께 물을 수밖에 없다. 이런 일을 하는 당신은 정말 누구며, 이런 능력이 도대체 어디서 나오느냐고 말이다. 나사렛에서 온 이 화제의 인물 앞에 서면 모든 의심과 반감과 사회적, 철학적 반론과는 별개로 그분이 우리와는 완전히 다르다는 말이 나올 수밖에 없다.

그래서 그들은 그분의 권위에 대해 묻는다. 의미는 단순하다. "나사렛 예수여, 당신의 배후는 진정 무엇인가? 당신은 정말 우리와 다른가? 분명히 다른 면이 있다. 당신에게는 뭔가가 있다. 인간과 자연을 다스리는 신기한 권능이 있다. 당신이 행하는 표적을 아무도 똑같이 행할 수 없다."

과거와 현재의 수많은 사람이 그분의 비밀을 풀고자 그분께 따져 물었다.

"나사렛 예수여, 당신은 이 땅에 불을 던졌다. 그 불이 바다 건너 이역만리에까지 침투해 온 세상에 퍼졌다. 오랜 시간이 지난 지금도 그 불은 여전히 타오르고 있다.

나사렛 예수여, 당신에게 권능이 있는 것만은 분명하다. 그토록 큰 영향을 미친 인간은 이제껏 아무도 없다. 수많은 사람이 당신을 위해 감옥에 갇히고 사자 밥으로 던져지고 처형되면서도 목숨이 끊어지는 순간까지 당신을 찬양했다.

나사렛 예수여, 당신의 능력에는 의심의 여지가 없다. 죽을 수밖에 없는 인간에게는 그런 능력이 없다. 많은 황제와 독재자가 영원한 나라를 세우려 했다. 국경을 강화하고 막강한 군대를 일으키고 신으로 자처했지만 그들의 영광은 다 바람과 함께 사라지고 말았다. 새로운 문화와 나라가 속속 일어났으나 역시 망할 수밖에 없었다. 눈부시게 흥했을수록 쇠망도 처참했다. 이것이 인간의 운명이며 앞으로도 늘 똑같을 것이다.

나사렛 예수여, 그런데 당신은 여태 건재하다. 군사력을 갖춘 나라가 있는 것도 아니고, 열두 군단의 천사를 불러 지상 나라를 세우지도 않았는데도 말이다. 소수의 몇몇 제자마저도 결정적 순간에 당신을 이해하지 못하고 달아났지 않은가.

당신이 가난한 약소국에서 사형당한 뒤로 세계 인류 역사가 당신을 밟고 지나갔다. 아니, 당신이 세계 역사를 밟고 지나갔다. 지금도 당신의 발소리가 들린다. 전쟁터에서 죽어 가는 이도 최후의 순간에 당신이 찾아오면 고개를 든다. 죄수도 당신이 사슬을 풀어 주면 얼굴이 밝아진다. 근심 걱정에 찌든 사람도 두려워하지 말라는 당신의 음성을 들으면 참된 안식을 얻는다. 모든 가난하고 멸시받는 이들 안에서 당신은 세상을 다시 살며, 지극히 가난한 이의 모습으로 영원한 여정을 잇는다.

수수께끼 같은 나사렛 예수여, 이렇듯 당신은 건재하다. 종종 땅에 묻힌 것 같았고 전파되지 못한 시대도 있었지만, 늘 봉인된 무덤에서 나와 당신이 세상의 구주요 숨은 통치자임을 인간에게 깨우쳐 주었다."

모든 시대 인간이 예수께 말을 걸어 결국 이렇게 물었다.

"당신은 누구며 무슨 권위로 이런 일을 하는가? 이 의문이 우리를 얼마나 괴롭히는지 모르겠는가?

나사렛 예수여, 당신은 누구인가?

당신은 이 모든 일을 능히 할 만큼 초능력이 대단한 인물인가? 당신을 위해 살고 죽을 수밖에 없도록 인간을 잘 다루는 천재인가? 인간의 종교심을 이용해 대대로 당신 없이는 못 살게 할 만큼 똑똑한 심령술사인가? 그래서 영혼을 능수능란하게 조종하는 것인가?

아니면 당신은 하나님의 아들인가? 절대타자(인간이나 이 세계와는 절대적으로 다르며 독립된 초월적 존재자)인가? 아래에서 난 우리 모두와는 달리 홀로 위에서 났는가? 당신이 병자와 빈민에게 몸을 굽힐 때 당신 안에서 하늘 아버지의 심장이 뛰는가? 당신의 손으로 상한 양심과 병든 몸을 고칠 때 하나님의 손이 당신을 통해 일하는가?

제발 말해 달라. 당신은 누구인가? 당신의 능력은 어디서 나오는가? 능력의 출처가 하나님인가 인간인가?"

이제 모든 청중과 독자에게 묻겠다. 마땅히 우리 모두도 똑같은 의문을 품어야 하지 않겠는가? 우리 중에 나사렛 예수가 문제되지 않는 사람이 누가 있는가?

우리의 의문은 이렇게 표현될 수 있다. "예수님은 종교 역사의 한 거점일까? 복잡한 종교 발달 과정의 한 단계일까? 이 단계는 결국 다음 단계에 삼켜져 밀려난다고 보는 게 옳지 않을까? 그래서 첨단기술 시대의 인간에게 더 잘 맞고, 더 현대적이고, 우리가 원하는 다양한 관점을 더 잘 포괄하는 새로운 종교가 출현하지 않을까? 오늘 우리는 기독교와 새로 출현할 종교 사이, 작가 마르틴 히에로니미(Martin Hieronimi)의 표현처럼 '끝과 시작' 사이의 과도기에 살고 있는 건 아닐까?

아니면 예수님은 장차 역사를 완성하실 분인가? 역사의 저편에서 인류의 큰 무리를 찾아오실 유일한 분인가? 그분이 그 인자(人子)인가? 낫과 면류관을 가지고 하늘에서 구름을 타고 오실 왕인가? 하나님 나라의 왕으로 선포되실 그분인가? 만일 그렇다면 우리가 고대할 다른 왕은 없다."

이 질문에 어떻게 답하느냐에 따라 모든 것이 달라진다. 예컨대 기독교 교회가 무엇이냐는 문제가 그 답으로 판가름 난다. "교회는 종교 단체인가, 아니면 지옥 권세가 이기지 못할 기관인가?" 성경이 무엇이냐는 문제도 마찬가지다. "성경은 희귀본의 가치를 지닌 문학작품인가, 아니면 현세와 내세의 모든 위로가 담긴 생명책인가?"

그래서 마태복음 21장 본문에서 질문을 던진 이들의 표정이 얼마나 긴장되어 있었을지 상상이 간다. 그들의 삶 전체가 이 결정적 질문에 달려 있었다. 만일 예수님이 "내 권위는 하나님에게서 왔다. 내가 곧 역사의 의미며, 내 권한대로 종말에 와서 산 자와 죽은 자를 심판할 것이다"라고 답하신다면 그들은 더는 이전처럼 살아갈 수 없다. 아무리 노력해도 그리스도께 다다를 수 없을 테니 말이다.

그들도 우리도 그분의 대답에 맞게 각자의 죄 문제를 아주 다르게 봐야 한다. 동료 인간을 대하는 태도도 사뭇 달라져야 한다. 예수님이 우리에게 서로 형제로서 사랑하라 명하셨기 때문이다. 우리는 일할 때 그분이 보시듯 해야 하고, 전쟁터에 나갈 때 그분의 보호를 받아야 하고, 외로울 때 그분의 손을 잡아야 하고, 죽을 때 그분께 위로받아야 한다.

그리스도께 던진 이 질문 하나에 우리의 모든 문제가 걸려 있다. 이야기 속에 팽팽한 긴장이 감도는 것도 그래서다. 이 긴장이 얼마나 무거울 수 있는지 나도 목회를 해 봐서 조금은 안다. 한 젊은 군인이 병상에서 죽음을 기다리고 있었다. 나보다 먼저 가톨릭 사제가 왔고, 군인은 죄를 고백하더니 신자가 되겠다는 결심을 알렸다. "분명히 그리스도께 뭔가가 있습니다"라는 말도 했다. 그리스도를 믿는 다른 전우들에게서 그것을 보았던 것이다. 그런데 몇 시간 만에 문제가 온통 다시 불거졌다. 오랫동안 피해 왔던 그리스도에 대한 의심이 그를 놓아 주지 않았다. 결국 마지막 남은 힘으로 그는 의무실 벽에 걸린 십자가상에 뜨거운 물병을 집어던지고 만다.

이렇듯 이 의심의 괴로움이 거친 몸짓으로까지 나타날 수 있다. 특히 이 경우에는 늘 미뤄 온 의문이 더는 피할 수 없는 마지막 순간에야 되살아났다.

인간이(당신과 내가) 의심의 눈빛으로 예수님 앞에 설 때 그분은 어떻게 하실까? 우리 영혼의 평안을 위해서라도 그러면 그렇고 아니면 아니라고 답하셔야 하지 않을까?

그런데 그분은 이렇게 답하신다. "나도 한 말을 너희에게 물으리니"(마 21:24). 반문하신 것이다.

사실 예수님은 목양의 대화를 하실 때마다 늘 그러셨다. 우리의 문제에 즉답하지 않으신다. 예컨대 "인생의 의미는 무엇인가요? 우리를 지배하는 것은 하나님인가요 운명인가요? 죽고 나서는 어떻게 되는 건가요?" 같은 질문에 그분은 쉽게 답해 주지 않으신다.

이어진 그분의 질문은 상상을 초월한다. "요한의 세례가 어디로부터 왔느냐 하늘로부터냐 사람으로부터냐"(25절).

언뜻 생각하면 엉뚱해 보이는 질문이다. 묻는 이들의 심기를 거스를 뿐 아니라 상황에도 맞지 않아 보인다. 그분은 왜 이렇게 물으실까? 질문의 요지는 딱 하나다. 정말 그들이 그리스도의 질문을 최대한 진지하게 대하는지 보시려는 것이다. 진지하다면 확실히 입장을 정해 선뜻 거기에 헌신할 것이다. 그들은 예수님의 반문을 기준으로 하나님 앞에서 헌신할 준비가 되어 있어야 했다.

그들이 만일 세례 요한이 하나님의 권위로 활동하고 회개를 전파했음을 인정한다면 이는 자신이 하나님과 화목하지 못하다는 사실을 수긍하는 것이다. 그것이 세례 요한의 일관된 메시지였으니 말이다. 이는 마치 이런 고백과도 같다. "세상이 우리를 떠받들지만 사실 우리는 불쌍하고 불행한 족속입니다. 하나님께 쓰임받으려면 우리도 회개하고 새로워져야 합니다." 아무런 조건도 단서도 없이 그들은 즉시 그렇게 반응해야 한다. 바로 거기에 몸과 마음을 다해야 한다.

그게 아니라면 사람들에게라도 헌신할 준비가 되어 있어야 한다. 세례 요한이 비뚤어진 광신자요, 비관론자였다고 주장하는 것이다. 하지만 거기에는 위험이 따른다. 당시의 여론과 너무나도 동떨어져 실제로 죽음을 각오해야 한다. 세례 요한이 광신자였다고 말하기는 쉽고, 예수님도 그것을 문제 삼지 않으실 것이다. 하지만 그렇게 말하는 순간부터 그들은 그에 뒤따르는 일들을 감수해야 한다.

이로써 예수님은 그들이 얼마나 진지한지를 판단하실 수 있다. 그분의 질문에 어느 쪽으로 답하든 모든 것은 그들이 얼마나 진지한가에 달려 있다.

종교에 대해 묻되 진지하지 않은 부류도 있다. 니고데모가 좋은 예다. 그는 철학과 종교를 주제로 근사한 대화를 주도하고 싶을 뿐 진지함과는 거리가 멀다. 애매한 난제를 즐기면서 이를 통해 자신의 학식을 과시한다. 철학 교육도 받은 듯 논증과 반론이 확실히 예리하다. 이 모두가 가능하다. 그러나 이런 논쟁자는 어떤 상황에서도 헌신하지 않는다. 결단하지 않는다. 예수님의 경고를 들어도 자신의 궤도를 수정할 마음이 없다. 그의 말은 구속력 없는 지식 차원에 머물 뿐 최종 결단에 이르지 못한다.

단언컨대 예수님은 그런 이에게는 대답하지 않으신다. 하나님으로 '끝장을 보려는' 이들에게만 알려 주신다. 한낱 구경꾼이나 방관자에게서는 뒤로 물러나신다.

삶의 어떤 부분은 진지하게 직접 참여해야만 알 수 있다. 그 단적인 예가 바로 전쟁이다. 영화관에서 전쟁의 참화와 폭격의 공포를 더 실감나게 볼 수야 있지만 스크린만 보고서 감히 전쟁이 무엇인지 안다고 말하지는 못할 것이다. 편안한 극장 좌석에서는 전쟁의 실체를 제대로 알 수 없다. 전쟁이 무엇인지 알려면 삶의 모험 속으로, 목숨을 건 고뇌 속으로, 사랑하는 이들을 위한 걱정 속으로, 견디기 힘든 슬픔 속으로 뛰어들어야 한다. 객석의 구경꾼은 마음속으로야 참여할지 몰라도, 이토록 혼란한 유혈극을 구경만 해서는 결코 전쟁을 알 수 없다.

이제 우리는 예수님의 반문이 참으로 무슨 뜻인지 안다.

"너희는 내가 하나님의 아들임을 안다면 결국 삶 전체를 새롭게 뜯어고칠 각오가 되어 있느냐? 요한의 세례가 사람으로부터 왔다고 답하면 여론에 어긋나는데, 그래도 선뜻 사람들 앞에서 진지하게 공언하겠느냐? 그러면 나도 내가 누구인지 말해 주겠다. 단, 반드시 그게 먼저다! 나사렛 예수에 대한 호기심이나 하나님을 구하는 척만 하는 것으로는 부족하다."

태도가 바른 이들만이 그리스도를 제대로 볼 수 있다. 바로 그분께 순종하는 태도라야 한다. 그러려면 우리에게도 베드로의 체험이 필요하다. 가이사랴 빌립보에서 그는 "주는 그리스도시요 살아 계신 하나님의 아들이시니이다"라고 고백했다(마 16:16).

이렇게 최대한 진지해질 각오가 없다면 우리에게 예수님은 일개 종교의 창시자로밖에 보이지 않는다. 그분을 마땅히 존경하다가도 얼마 뒤에는 얼마든지 다른 종교의 창시자에게로 돌아설 수 있다.

그동안 내가 그리스도에 대해 수많은 사람과 대화해 보니 그들과 그분 사이를 가로막는 것은 지적 논증이 아니라 바로 '죄'였다. 그들은 이것저것을 포기할 마음이 없다. 하나님 앞에서 조건을 달고 특권을 원한다. 대가를 치르기 싫어 그리스도를 있는 그대로 받아들이지 않는다. 아무런 헌신도, 희생도 없이 하나님을 머리로만 믿으려 한다.

이런 사람은 자신이 인생의 결정적 질문인 그리스도의 질문을 피하려다 결국 그분을 놓쳐도 놀라서는 안 된다. 아무리 기독교에 호의적이라 해도 그것은 그에게 무용지물이다. 하늘에 계신 아버지의 뜻대로 행하는 이들만이 예수님의 권위가 누구에게서 났는지, 그분의 교훈이 하나님의 것인지 아닌지, 그분이 과연 누구신지 알 수 있다.

알고 보면 예수님의 잔잔한 말씀은 우리 인생 전체에 두루 영향을 미친다. "너는 내가 누구인지 답할 수 없느냐? 내 신성과 인성, 동정녀 탄생 같은 교리에 파묻혀 있느냐? 그러지 말고 내 이름으로 나를 위해 뭔가 하라. 마치 내가 이미 네 삶 속에 들어와 있는 것처럼 말이다. 인생의 기준을 내게 두라. 목마른 이에게 내 이름으로 물 한 잔을 대접하라. 내가 너를 용서했으니 너도 남을 용서하라. 움켜쥔 것을 내게 내려놓으라. 과감히 네 영혼을 드러내 내 앞에 죄인으로 서라. 강도의 소굴 같은 네 마음을 내 앞에서 직시하라. 아무리 힘들어도 그래야 한다. 그러면 틀림없이 내가 갑자기 달라 보일 것이고, 나를 대하는 네 태도도 나를 이론적으로 찾을 때 생각하거나 상상하던 것과는 확 달라질 것이다."

과감히 그분을 이렇게 사랑하는 이들은 하나님의 신비, 십자가의 신비, 성탄절과 성금요일 그리고 부활절의 신비를 미리 깨닫는다.

그분을 이렇게 사랑하는 이들은 저마다 대인 관계가 정화되고 소명과 대화와 품행에서 빛을 발한다. 다른 이들은 삶의 온갖 변화와 기회 앞에서 무너져도 그들은 "여전히 저는 주님 곁에 있습니다"라고 아뢴다. "신비의 흑막이 한동안 주님의 얼굴을 가리는 것 같을 때도 저는 주님의 사랑받는 자녀입니다"라고 고백한다. 마음과 목숨과 힘을 다해 그분을 사랑한다. 그분께 헌신하고 모든 것을 그분께 건다. 그분 앞에 엎드려 "나사렛 예수여, 주님 뜻대로 제게 행하소서. 주님이 누구든(인간이든 하나님의 아들이든, 하늘 아버지의 심장이든 인간이 지어낸 꿈과 희망이든) 제가 여기 있사오니 저를 시험(test)하소서"라고 기도한다. 그분을 이렇게 사랑하는 이들을 그분은 결코 물리치지 않으신다. 그분께 소망을 둔 그들은 부끄러움을 당하지 않는다.

예수님을 이렇게 사랑하는 이들에게 그분은 하늘과 땅의 모든 권세를 받으신 분으로 나타나신다. 그러니 그분이 그들에게 죄를 용서하고 모든 사슬을 끊으실 전권을 가지신 분으로 보일 수밖에 없다.

그분이 내게 그렇게 나타나시면 내 입에서 터져 나올 고백이 있다. 종교적 추구로는 결코 다다를 수 없고 질문한 바리새인들도 입에 올릴 수 없었으나, 하필 의심 많은 도마가 했던 바로 이 고백이다.

"나의 주님이시요 나의 하나님이시니이다"(요 20:28).

4. 막다른 상황, 쓰라린 빈손의 시간에

내 안에 하나님이 커지는 창조의 시간

한 바리새인이 예수께
자기와 함께 잡수시기를 청하니
이에 바리새인의 집에 들어가 앉으셨을 때에

그 동네에 죄를 지은 한 여자가 있어
예수께서 바리새인의 집에 앉아 계심을 알고
향유 담은 옥합을 가지고 와서
예수의 뒤로 그 발 곁에 서서 울며
눈물로 그 발을 적시고 자기 머리털로 닦고
그 발에 입 맞추고 향유를 부으니

예수를 청한 바리새인이 그것을 보고
마음에 이르되 이 사람이 만일 선지자라면
자기를 만지는 이 여자가 누구며
어떠한 자 곧 죄인인 줄을 알았으리라 하거늘

예수께서 대답하여 이르시되
시몬아 내가 네게 이를 말이 있다 하시니

그가 이르되 선생님 말씀하소서

이르시되 빚 주는 사람에게 빚진 자가 둘이 있어
하나는 오백 데나리온을 졌고
하나는 오십 데나리온을 졌는데
갚을 것이 없으므로 둘 다 탕감하여 주었으니
둘 중에 누가 그를 더 사랑하겠느냐

시몬이 대답하여 이르되
내 생각에는 많이 탕감함을 받은 자니이다

이르시되 네 판단이 옳다 하시고
그 여자를 돌아보시며 시몬에게 이르시되
이 여자를 보느냐 내가 네 집에 들어올 때
너는 내게 발 씻을 물도 주지 아니하였으되
이 여자는 눈물로 내 발을 적시고
그 머리털로 닦았으며
너는 내게 입 맞추지 아니하였으되
그는 내가 들어올 때로부터

내 발에 입 맞추기를 그치지 아니하였으며
너는 내 머리에 감람유도 붓지 아니하였으되
그는 향유를 내 발에 부었느니라
이러므로 내가 네게 말하노니
그의 많은 죄가 사하여졌도다
이는 그의 사랑함이 많음이라
사함을 받은 일이 적은 자는 적게 사랑하느니라

이에 여자에게 이르시되
네 죄 사함을 받았느니라 하시니

함께 앉아 있는 자들이 속으로 말하되
이가 누구이기에 죄도 사하는가 하더라

예수께서 여자에게 이르시되
네 믿음이 너를 구원하였으니 평안히 가라
하시니라.

누가복음 7장 36-50절

팬터마임이란 무엇인가? 동작만 있고 대사는 없는 연극이다. 말이 없는 무대다. 이 누가복음 7장 본문의 이야기도 비슷한 데가 있다. 화자는 예수님뿐이고 여주인공인 죄인은 울며 그분의 발에 향유를 부을 뿐 아무 말도 없다. 두 차례의 뻔한 외마디 답변 외에는 나머지 동석자도 모두 대사 한 줄이 없다.

그런데 전체 드라마가 긴장 일색이다. 잘 모르는 가정에 당신이 손님으로 머물고 있는데 갑자기 그 집 온 식구가 말이 없어진 적이 있는가? 뭔가 문제가 생겼다는 게 당신에게도 전해진다. 아주 딱딱한 분위기에 영 예사롭지 않은 눈빛이 오간다. 아무도 말하지 않는데 많은 일이 벌어지고, 들리는 소리는 없는데 말이 난무한다.

이 장면도 그와 같다. 예수님은 한 인생의 초라해진 실존을 변화시켜 주신다. 그분이 말씀하시는 동안 그녀만 빼고 나머지는 다 의문에 잠긴다. '어째서 이 사람이 선지자로 행세할 수 있지? 자기가 누구라고 감히 죄를 사하는 척하는 거야?'

이 팬터마임에 우리의 상황도 겹쳐진다. 우리 시대에도 예수님의 잔잔한 목소리가 들려오지만 아무도 드러내 놓고 대답하지 않는다. 신문과 라디오에서 그분의 이름이 추방당했고 연도 표기에서도 무명인이 되었다. BC(그리스도 이전)와 AD(주님의 해)가 더는 공공연히 언급되지 않는다. 우리가 아는 세계 역사에서 그분이 여전히 분기점인데도 말이다.

그분이 완전히 침묵하실 때면 주변에 긴장이 감돈다. 이때 어떤 이들은 이 본문의 바리새인 시몬처럼 그분을 비난한다. "그가 만일 선지자라면 이 2,000년 역사를 잘 관리하지 않았을까? 그가 만일 선지자라면 그리스도인들이 그를 닮지 않았을까? 그가 만일 선지자라면 이 땅에 내려와 불의를 종식하고 피눈물의 바다를 잠잠하게 하지 않았을까?" 반면에 어떤 이들은 그분이 모든 잔혹사의 숨은 의미며 마침내 왕으로 오실 것을 알기에 그분을 사모하며 기다린다. 또 어떤 이들은 그분의 십자가에 의지하여 그분의 보호하심 아래 살아간다.

이렇듯 팬터마임은 우리의 상황 속에 재현되며, 각 등장인물까지 그대로다.

우선 죄인인 여자가 있다. 평판이 나쁜 그녀는 감히 바리새인의 집에 들어와 자신에게 쏟아지는 좌중의 성난 시선을 뚫고 예수께 다가간다. 난잡하게 살았다고 얼굴에 쓰여 있고 겉모습만 봐도 허비한 인생임을 알 수 있다. 하지만 그게 다는 아니다. 그녀는 자신이 타락한 상태임을 충분히 알았다. 인간의 실상을 알았다. 인간이 타락한 존재임을 알았다.

그런데 그런 그녀를 비추는 한줄기 희망이 있다. 나사렛 예수께 용서받고 새사람이 될 수 있다는 희망, 그분이 자신을 건져 내 운명을 바꾸어 주실 수 있다는 희망이다. 그분을 향한 그녀의 눈빛을 보아 알 수 있다.

예수님 앞에서 그녀는 사람에 대한 두려움이 사라졌다. 대중을 이끄는 사회 지도층도 자신과 똑같이 타락한 존재임을 알기 때문이다. 예수님 앞에서는 아무도 자랑할 수 없고 모두 바닥에 무릎을 꿇어야 마땅하다. 그분 앞에 선 사람은 더는 중요 인물로 숭배되거나 추앙받지 못한다. 그분 앞에서는 모든 사람이 죄인이자 죽을 운명이며 하나님 아들의 비범한 위엄에 비하면 초라한 존재임을 그가 너무도 잘 알기 때문이다.

또 예수님 앞에 선 사람은 다른 인간을 두려워하지 않기 마련이다. 그 사람은, 모든 인간이 어쩔 수 없이 육신에 이끌리며 그들의 최악의 의도조차도 그들 자신이 모르는 악한 세력에 지배당하는 것임을 깨닫기 때문이다.

아울러 그분 앞에 선 사람은 더는 인간을 멸시할 수 없다. 인간을 예수 그리스도께서 큰 값을 치르고 사신 존재로 보아야 하기 때문이다. 하나님의 아들이 인간을 위해 십자가에서 고난당하고 대신 죽으심으로 인간에게 새로운 존엄성을 부여하셨다.

이렇듯 예수께 나아가는 사람은 인간이라는 존재에게서 해방된다. 인간을 신격화하는 오류에서, 인간에 대한 두려움에서, 인간을 멸시하는 맹독에서 해방된다.

이 여자는 하나님의 아들 앞에 어떻게 나아왔던가? 누가복음 7장 본문에 보면 뒤로 와서 그분의 발치에 엎드렸다고 되어 있다. 뒤로 왔다는 대목에서 구약의 한 장엄한 이야기가 연상된다. 모세는 주님이 지나가실 때 바위틈에 숨어 그분을 뒤에서만 볼 수 있었다. 주님의 얼굴을 보고는 아무도 살아남을 수 없기 때문이다. 그녀가 뒤로 온 이유도 하나님의 아들의 눈빛이 워낙 불꽃같이 형형했기 때문이다.

그분의 발에 향유를 부을 때 그녀는 말이 없었다. 여기에 차마 말로 할 수 없는 고통이 서려 있다. 무서운 폭격을 경험한 이들에게서 그것을 볼 수 있다. 처음에 그들은 겁에 질려 말을 잃었다가 시간이 지나서야 말문이 열린다.

말로 표현할 수 없는 죄의식도 꽤 드러난다. "양심에 가책이 느껴지는 제 죄를 낱낱이 아뢰지 못합니다. 저보다 저를 더 잘 아시는 주께서 제 온 마음을 받아 주소서. 제가 어쩌다 이렇게까지 바닥으로 떨어졌는지 모르겠어요. 알려 하지 않겠습니다. 주님만 있으면 되니까요! 그래서 왔습니다." 그녀의 침묵 속에 이 모두가 담겨 있다.

형언할 수 없는 침묵의 말을 성경은 "탄식"이란 단어로 표현한다. 성경에 보면 성령이 우리를 대표하여 말없이 탄식하시고 침묵 속에서 하나님을 바라보신다(롬 8:26).

> 차마 말 못 하오나
> 제 탄식을 받으사
> 은혜를 베푸소서.

모든 동작을 말없이 하면서 그녀는 운다. 사람이 울 때마다 겉으로든 속으로든 늘 벌어지는 일이 있는데, 그녀도 예외는 아니었다. 슬픔과 죄책감의 딱딱한 껍질이 녹은 것이다(알다시피 죽음을 애도할 때도 일단 눈물이 터지면 한시름 놓아도 된다). 그렇다면 이 여자가 예수님 앞에서 울어서 그분의 태도가 부드러워진 것일까? 이것은 주제넘은 질문이다. 인간을 초월하여 그곳에 왕으로 좌정하신 그분은 이미 이 창녀를 보호하실 뿐 아니라 곁에 앉게 두셨다. 지엄하고 지존하신 왕인데도 자비롭게 그녀를 울게 두셨다.

그분 곁으로 가면 늘 우리의 비통한 심정이 녹는다. 그분 앞에서만은 슬픔을 억누를 필요가 없다. 그분이 이미 다 아시기 때문이다.

그런데 하나님의 아들 앞에서 그녀가 흘린 이 눈물은 특별하다. 비탄의 울부짖음이 아니라 그분 곁에 있기에 한없이 솟아나는 눈물이었다. 무엇이든 예수님 곁으로 가져가면 달라지고 거룩해진다. 그녀의 눈물이 기쁜 눈물이라는 사실만 봐도 알 수 있다.

그 기쁨과 감격이 향유를 붓는 몸짓으로 표현된다. 그녀는 삶의 캄캄한 숲속에서 길을 잃었다가 자신을 찾아낸 엄마 품에 안긴 아이와도 같다. 불안과 양심의 가책이 한꺼번에 쏟아져 나온다. 하지만 아이는 이미 집에 돌아와 있고 엄마는 다 이해한다.

인간의 처지가 늘 그렇다. 우리도 다 캄캄한 숲속의 아이와 같다. 그런데 우리는 불안하고 무력한 속내를 좀처럼 쏟아 내지 않는다. 애써 휘파람을 불며 강한 척한다. 하지만 예수께 나아오면 그동안 자신이 얼마나 무서운 숲속에 있었는지를 처음으로 깨닫는다.

예수님은 죄와 죽음의 무서운 실상을 우리에게 깨우쳐 주시되 우리가 집에 돌아와 그분 안에서 안전할 때에만 그리하신다. 얼마나 놀라운 분이신가! 산상수훈만큼 엄혹하게 우리를 뒤흔드는 가르침은 없다. 우리 마음을 속속들이 들춰내기 때문이다. 이 가르침이 예수님이 오신 뒤에야 주어졌다는 사실이 의미심장하지 않은가? 구주 앞에서는 우리의 어두운 내면까지도 사뭇 달라 보이지 않는가? 그분의 말씀 속에 무서운 실상만 아니라 더할 나위 없이 정성스러운 위로도 함께 담겨 있기 때문이다.

물론 좌중의 구경꾼과 식사하러 온 방문객들에게는 이 모든 게 가려져 있다. 그들은 누군가 집에 돌아오고 있음을 깨닫지 못한다. 항구에 들어서는 조각배를 보지 못한다. 외면과 겉치레만 볼 뿐이다. 우리도 늘 서로를 그렇게 본다. 그들의 속마음은 이렇다. '저 여자가 예수의 발 앞에 엎드려 향유를 붓다니 이게 얼마나 심한 낭비인가!' '나사렛의 랍비를 아무나 저렇게 스스럼없이 대해도 되나?'

훗날의 신앙 공동체를 향해서도 똑같은 생각이 되풀이된다. '조금만 타협하면 얼마든지 피할 수 있는데 굳이 예수를 위해 옥에 갇혀 고문당하고 죽다니 이게 얼마나 쓸데없는 낭비고 광신이며 미친 짓인가?' '경기장의 야수 앞에서 예수만이 나의 기쁨이라고 찬송하며 죽어 간다는 게 말이나 되는가?'

바리새인 시몬은 죄 많은 여자의 행동을 보며 고개를 내두른다. 그리스도와 여러 순교자의 드라마를 구경한 많은 이도 고개를 저었다. 시몬의 생각은 이렇다. "나는 저럴 필요가 없어. 말도 안 되지. 내 신앙은 아주 달라. 나는 올바른 몸가짐도 알고, 하나님이 누구신지도 알고, 내가 죽어서 어디로 갈지도 알거든. 종교란 근엄한 거야. 저렇게 행동할 필요까지는 없다고."

예수님이 그의 생각을 아시고 넌지시 이르신다. "시몬아, 너야 물론 아주 근엄해서 내가 들어올 때도 가만히 앉아 있었다. 발씻을 물도 주지 않았고, 입 맞추거나 반기지도 않았고, 내 머리에 기름도 붓지 않았다. 시몬아, 너는 네 옳은 길을 가고 있다. 아무에게도 피해를 주지 않고 그야말로 정석대로 행동하면서, 굳이 신앙을 과시하지도 않으며 말이다. 하지만 너는 아느냐? 이 여자가 왜 이토록 나를 극진히 대하고 기쁨과 찬송을 주체하지 못하는지 말이다."

　뒤이어 그분은 시몬에게 두 채무자의 비유를 들려주신다. 각각 거액과 소액을 탕감받았으니 둘 중 누가 더 고마워할지는 자명하다.

　이제 시몬도 죄인인 그녀가 향유를 아낌없이 부은 이유를 깨달았을 것이다. 우리도 깨달아야 한다. 그녀는 거액의 빚을 탕감받은 채무자와 같다. 자신의 죄가 얼마나 큰지를 알기에 구주의 발치에 엎드릴 뿐 감히 눈을 마주치지도 못한다. 그녀가 구주의 충만한 영광을 볼 수 있었던 것은 오로지 자신을 바로 알았기 때문이다.

　그런 면에서 그녀는 이사야와 비슷하다. 이사야도 성전에서 자신의 입술이 부정함을 깨닫고 나서 하나님의 모습이 얼마나 위대한지 어림잡을 수 있었다. 그녀는 또 베드로와 비슷하다. 베드로도 자신이 죄인임을 알았기에 예수님을 하나님의 아들로 알아볼 수 있었다. 이 여자는 그분의 신성을 남보다 먼저, 종교가 직업인 이들보다도 먼저 알아보았다. 극한 상황에까지 내몰렸기에 가능한 일이다. 더 추락할 데도 없는 거기서 비로소 그녀는 자신이 구제 불능임을 깨달았다.

　우리 중에도 극한 상황에까지 내몰린 이들이 얼마나 많은가? 철창처럼 우리를 가두는 슬픔도 그렇고, 밤마다 쫓아와 양심을 괴롭히는 죄책감도 그렇다. 하나님마저 위로를 거두시는 극한의 상황이다. 그런데 나중에 알고 보니 그때가 우리 삶에서 가장 복된 때였다. 큰 환난 중에도 그분이 능히 도우신다는 찬송가의 진리가 퍼뜩 깨달아진 것이다. 과연 무력하고 어두운 밤이 없었어도 그것을 깨달을 수 있었을까?

그래서 비참한 한계치까지 가 보지 못한 이들은 한편으로 불쌍하다. 영원에 관한 한 더 가난하기 때문이다. 그런데도 그들은 자신이 영원한 존재며 모든 것이 자신의 삶을 중심으로 돌아간다고 생각한다. 사실은 지리멸렬한 삶인데도 말이다.

누가복음 7장 본문의 식탁에서 그것을 볼 수 있다. 예수님은 호흡만큼이나 그들 곁에 가까이 계셨다. 그 집에 들어가셨다. 기독교 가정에서 자라며 신앙을 배운 우리 같은 많은 이들의 집에도 그분은 들어오셨다. 그런데 시몬의 식탁에 앉은 이들은 너무 자만하고 자신이 훌륭하다는 우월감에 젖어 있어 정작 자신을 만나러 오신 하나님 아들의 영광을 보지 못했다. 반면에 비천한 여자는 죄와 슬픔의 어둠에 잠겨 있었지만, 오히려 그래서 비천한 삶의 궁창 위로 불쑥 떠오르는 빛을 볼 수 있었다.

크신 하나님을 보려면 우리가 작아져야 한다. 그분의 기적을 경험하려면 무력해져야 한다. 거룩하고 선하신 그분의 용서의 비밀을 알려면 자신의 죄를 깨달아야 한다.

우리 중에도 막다른 상황에 이르러 깊은 어둠과 슬픔에 잠긴 이들이 있다면 알아야 할 게 있다. 이런 쓰라린 시간을 복 주셔서 우리 중에도 극한 상황에까지 내몰린 이들이 얼마나 많은가?

철창처럼 우리를 가두는 슬픔도 그렇고,

밤마다 쫓아와 양심을 괴롭히는 죄책감도 그렇다.

하나님마저 위로를 거두시는 극한의 상황이다.

그런데 나중에 알고 보니 그때가 우리 삶에서 가장 복된 때였다.

큰 환난 중에도 그분이 능히 도우신다는

찬송가의 진리가 퍼뜩 깨달아진 것이다.

과연 무력하고 어두운 밤이 없었어도

그것을 깨달을 수 있었을까?

창조의 시간으로 거룩하게 바꾸시는 게 예수님의 뜻이다! 자신이 몸의 굴레에서 헤어나지 못하는 게 아니라 예수님과 함께 집에 있음을 우리는 알아야 한다. 그분이 집으로 찾아오셨다! 고개를 들기만 하면 그분이 눈물을 성화해 주신다. 눈물 너머로 보이는 그분은 함께 슬퍼하시는 형제요, 우리를 어두운 웅덩이에서 건지시는 구주시다.

어둠 속에서 그분께 부르짖어 보지 않은 사람은 아예 부르짖은 적이 없는 것이다. 기도의 비밀을 조금도 모르는 셈이다. 우리 삶에서 가장 복된 때는 양지바른 언덕에 머무는 시간이 아니라 고통스러운 어둠의 시간이다. 그 시간을 예수님과 함께 보내기만 한다면 말이다.

채무자의 비유에서 돋보이는 점이 또 있다. 이 여자가 구주를 뜨겁게 사랑하는 이유는 숨 막힐 듯 짓누르던 죄책감이 홀연히 걷혔기 때문이다. 그녀의 감사는 죄를 면제받은 사형수의 감사와도 같다. 그래서 사슬에서 풀려난 죄수처럼 기뻐한다. 그 아낌없는 몸짓으로 표현된 것은 넘치는 해방의 기쁨이다. 갑자기 모든 게 달라 보인다. 이제 세상은 예수님이 큰일을 이루실 무대로 보인다. 제대로 성탄절이 온 것이다. 인간도 달라 보인다. 더는 두려움이나 멸시나 신격화의 대상이 아니라 주님의 형제로서 사랑해야 할 대상이기 때문이다. 살아 계신 하나님도 그리스도를 통해 우리 아버지가 되셨으므로 이제 "소멸하는 불" 같은 무서운

면은 사라진다(신 4:24).

"그의 많은 죄가 사하여졌도다 이는 그의 사랑함이 많음이라"(눅 7:47). 예수님의 이 신비로운 말씀을 우리는 제대로 이해하고 있는가? 이 여자는 정식 교인이 아니었다. 교리도 몰랐고 신학 토론에 낄 수도 없었다. 하지만 사랑이 있었다. 깊은 어둠 속에서 불현듯 구원의 손길을 경험한 이들에게서 솟아나는 사랑이다.

예수님에 대해 제대로 배운 사람도 많을 것이다. 종교 우등생으로 성경을 열심히 읽고 깊이 팠을 것이다. 하지만 죄 많은 그녀에게 있던 사랑은 아마 없을 것이다. 그런데 예수께 중요한 것은 그것뿐이다. 그리스도와의 관계는 지성이나 탐구의 문제가 아니라 삶의 문제다. 모든 것이 삶으로 나타나야 한다. 그래서 기독교인에 대한 가장 쓰라린 비난은 니체가 한 말이다. "내가 당신네 구주를 믿을 수 있으려면 당신네가 더 구원받은 사람다워 보여야 한다."

자, 이제 죄인인 여자에 이어 이제 바리새인 시몬을 살펴볼 차례다. 그의 특징은 두 가지다.

첫째로, 그가 하나님의 아들을 믿으려면 그분이 자신이 바라는 모습에 부합해야 한다. 하나님이 시몬의 장단에 맞추어 춤추셔야 한다는 것이다. 그의 조건문은 전형적이다. "이 사람이 만일 선지자라면 이 여자가 누구인 줄을 알았으리라."

여기 우리가 으레 접하는 조건부 인간이 있다. "만일 이 상황에서 나를 구해 주신다면 하나님을 믿겠다." "만일 나를 내 뜻대로 대해 주신다면 하나님을 믿겠다."

"만일, 만일, 만일……" 늘 하나님께 이런 조건을 달았기에 바리새인은 그분이 그리스도를 통해 실제로 자신을 찾아오셨는데도 알아보지 못했다. 반면에 여자는 예수님 앞에서 침묵한다. 조건을 달지 않는다. 그분의 말씀을 더욱 집중해서 들을 뿐이다. 자신의 마음과 생각을 그분이 깊이 꿰뚫어 보시고 고쳐 주셔도 그녀는 받아들일 준비가 되어 있다.

둘째로, 바리새인 시몬은 하나님을 채무자로 보고 장부를 내놓는다. 자신은 아무에게도 피해를 주지 않고 늘 정석대로 행동했다는 것이다. 인간의 전형적인 모습이다. 하나님은 으레 우리의 계산대로 우리에게 빚을 갚아야 할 채무자다. 우리에게 닥치는 슬픔에 보상해야 하고, 역사를 운행하거나 우리가 기르는 작물에 햇빛과 비바람과 폭풍을 보내는 방식에도 책임져야 한다. 이렇게 우리는 인생극의 일부를 우리 마음대로 떼어 그 배역만 그분께 배당한다.

하지만 그러면 그분이 우리를 만나 주실 수 없다. 그분은 한낱 배역에 불과한 분이 아니시기 때문이다. 그래서 우리는 성경을 읽거나 설교를 들어도 참된 위로를 받지 못한다. "하나님, 왜 이러시는지 말씀해 보세요. 위로가 되게끔 설명해 주세요." 이렇게 우기는 한 위로받기는 틀렸다. 다 부질없는 짓이다.

그분의 신성한 위로를 제대로 알려면 침묵을 배우고 이렇게 고백해야 한다. "우리는 하나님의 채권자가 아닙니다. 주님은 우리에게 빚지신 게 없어요. 반대로 주님이 우리의 채권자시고 우리는 은혜든 심판이든 주님이 하시는 대로 따를 수밖에 없습니다."

하나님은 우리에게 정산하실 필요가 없으시다. 도리어 우리가 그분께 정산해야 마땅하다. 그런데 우리는 그럴 능력도 없다. 그저 우리가 할 수 있는 말이라고는 "나를 떠나소서 나는 죄인이로소이다"뿐이다(눅 5:8). 가장 고통스러운 이 빈손의 순간이 곧 은혜의 순간이다. 하나님은 빈손과 주린 마음과 통회하는 심령을 사랑하신다.

그래서 우리는 이 누가복음 7장 본문을 '죄 많은 사람의 이야기'라기보다 '큰 복을 받은 사람의 이야기'라 칭해야 마땅하다. 이 이야기의 주제를 망가진 인생으로 보지 말고, 마침내 도래한 새로운 삶으로 보는 게 더 정확하다. 그런 의미에서 이 여자는 '그리스도인의 삶'의 전형이다.

이 삶을 두 가지 관점에서 설명할 수 있다. 예수님과 함께 오래 있을수록 우리는 죄를 더 깊이 자각하고 양심이 더 민감해진다. 그러다 보니 하나님께 지는 빚은 점점 커진다. 신앙생활을 겉으로만 아는 이들은 이해하기 힘들겠지만, 그리스도와 동행한 지 오래될수록 그리스도인의 부채 의식은 깊어진다.

그래서 우리는 결코 그분의 학교를 수료하고 졸업할 수 없다. 우리가 '잘못 행한 일'과 '행해야 하나 행하지 않은 일'이라는 모든 과오에서 완전히 벗어날 수 없어서다. 하지만 같은 이유로, 우리 삶을 구원하시는 예수님을 향한 사랑도 더욱 깊어진다. 그분의 기준대로 죄를 더욱 통감한 덕분이다. 많이 용서받은 사람은 많이 사랑한다.

신학자들은 그리스도인의 삶이 본래 발전하거나 진보하는 것인가를 두고 늘 논쟁을 벌여 왔다. "예수님과 교제하면 성장할 수밖에 없지 않을까? 아니면 그리스도인의 상태는 처음 믿는 날부터 완성되는 것일까? 죄 사함은 단 한 번으로 끝일까? 그 이상의 진보는 없을까?" 물론 하나님의 학교에서 우리는 진급한다. 그리스도인의 삶에 당연히 발전과 성장이 있다. 그러나 이 진보를 우리가 늘 흠잡을 데 없이 더 거룩해진다는 뜻으로 이해해서는 안 된다. 그렇게 잘못 알면 우리는 오히려 한참 퇴보하여 너무 심각하고 불안해진다.

다만 그분을 향한 우리의 사랑은 끝없이 깊어질 수 있다. 이거야말로 그리스도인으로 사는 삶의 진정한 진보일 것이다. 아니, 틀림없이 그렇다. 사랑의 진보는 우리 영혼에 무한히 사랑할 능력이 생긴다는 뜻이 아니라 우리가 무한히 용서받는다는 사실에서 비롯한다. 예수 그리스도께서 우리를 낮추실수록 우리의 기쁨은 커지고 감사도 즐거워진다.

우리가 하나님 앞에서 커지는 게 아니라 선하신 그분이 커진다. 그리하여 우리는 그분을 더욱 사랑한다. "그는 흥하여야 하겠고 나는 쇠하여야 하리라"(요 3:30). 죄 많은 이들, 한계 상황에까지 내몰린 이들만이 그렇게 고백할 수 있다. 그리스도인으로서 위대하게 살다 간 루터의 마지막 말은 "주님, 주님을 향한 제 사랑이 얼마나 깊어졌는지 보십시오. 주님을 위해 저는 양심의 쓰라린 고뇌를 맛보았고 한없이 외로웠고 큰일을 이루었습니다. 그러니 제게 천국 문을 열어 주셔야 합니다"가 아니었다. 그는 그런 식으로 말하지 않았다. 그의 마지막 말은 그저 "우리는 다 거지다. 참으로 그렇다"였다.

하지만 이 임종의 고백에서 하나님은 그저 우리가 거지라는 말만 들으셨을까? 이어진 무언(無言)의 말도 하늘에서 듣지 않으셨을까?

"오, 하나님, 그러니 제가 주님을 깊이 사랑할 수밖에 없음을 주님도 아십니다."

전부이신 주께
빈손 들고 옵니다.

이 고백도 듣지 않으셨을까?

5.   스스로 들을 수 없는 세상을 위하여

'대신 하는 기도'의 사명과 기쁨

설교로 다가갈 수 없는 대상이 무수히 많다는 사실 앞에서 우리는 겸허하고 숙연해진다. 그들을 모조리 불러 물리적 반경 내로 다 데려올 수는 없다. 도시의 어느 대형 교회는 사람들로 가득 차 발 들여놓을 데도 없다지만, 냉정히 따져 보면 우리의 메시지는 겨우 한 지역을 벗어나지 못함을 수긍할 수밖에 없다. 그런데 주님이 재림하실 때까지 교회는 하나님이 아직 전해지지 않은 곳에 세워진다. 하나님 나라는 그런 식으로 우리 가운데 임했다.

　이 상황을 특히 절감하는 이들은 복무 중인 그리스도인 군인과 군목이다. 그들은 수많은 동지와 함께 생활하고 행군하며 전투를 치르는 가운데 공포와 기쁨으로 한데 얽혀 있다. 그들은 하나님이 해 주신 일 즉 그리스도께서 자신을 위해 죽으셨음을 안다. 하지만 그들은 많은 사람이 이 운명의 전환점을 놓친 채 그저 일상에 파묻혀 영원을 간과하는 현실을 본다.

　그것을 뻔히 보고 알기에 그들은 자신이 침묵해야만 할 때 또는 세상을 뒤흔들 영원한 메시지를 혼자 짤막하게 전할 수밖에 없을 때, 역사의 돌들이라도 대신 외쳐 증언해 주기를 기도한다.

이 증언의 빛은 곁에 있는 이의 얼굴만 비출 수 있기 때문이다. 나머지 대다수는 속으로 심히 갈급한데도 어둠 속에 여전히 남아 있다.

진정한 그리스도인치고 이 부담을 느끼지 않는 사람이 누가 있겠는가? 예수님도 목자 없는 양 같은 무리를 보며 똑같이 느끼셨다! 거꾸로 양 떼 없는 목자의 슬픔도 우리는 안다. 우리에게 어떤 상황을 보내시든 하나님은 한탄하고 불평하라고 보내시는 게 아니다. 그분이 보내시는 것은 다 창의적이고 긍정적이다. 거기서 우리가 할 일이 생겨난다. 그 일이 우리 앞으로 바짝 다가선다. 그러므로 좋든 싫든 우리는 하나님이 이런 영적 부담을 통해 우리를 무슨 일로 부르시는지 물어야 한다. 내가 믿기로 그 일은 바로 중보 기도다. 단순히 기도를 부탁받는 정도가 아니라 '포괄적인 대리 중보'다.

이 개념은 이상하게 신학에서 경시되어 왔다. 하지만 잘 다듬으면 완전히 새로운 기도 세계가 열린다. 간략히 기술하자면 이렇다. 사람들을 위해 또한 불안하고 산만한 온 세상을 위해 중요한 것은 중보의 내용이 아니라, 누군가 중보 기도를 하고 있다는 사실 자체다. 기도하는 이들의 존재 자체다. 온 나라를 기도로 대신 짊어지는 적은 무리가 있다면 그 민족은 소망이 있다. 대다수가 듣지 않고 깨닫지 못할지라도 세례와 기도와 성만찬이 시행되고 있음은 그 민족에게 결코 작은 일이 아니다.

온 나라를 기도로 대신 짊어지는 적은 무리가 있다면

그 민족은 소망이 있다.

대다수가 듣지 않고 깨닫지 못할지라도

세례와 기도와 성만찬이 시행되고 있음은

그 민족에게 결코 작은 일이 아니다.

'대신 기도하는 이들'이 성경에도 적잖이 암시되어 있다. 잘 드러나지는 않지만 적은 무리가 존재한다. 소돔과 고모라에 없었던 의인 열 명이 대조되는 좋은 사례다(창 18:16 이하). 의인이 열 명만 있었어도 성읍의 운명이 달라졌을 것이다. 악이 지배하고 판치던 그곳에서 전도할 기회까지는 그들에게 없었을 수 있다. 메시지만으로는 지역의 운명을 바꿀 수 없었을 것이다. 그래도 그들은 하나님 앞에 나아갔을 것이다. 아브라함의 기도에 그들의 대리 중보가 합해졌다면 그걸로 충분했을 것이다.

예수님도 우리를 동일한 방향으로 이끄신다. 종말의 환난과 마귀의 발악에 대한 그분의 말씀을 보면 그분의 공동체는 대표 성격을 띤다. "만일 주께서 그 날들을 감하지 아니하셨더라면 모든 육체가 구원을 얻지 못할 것이거늘 자기가 택하신 자들을 위하여 그 날들을 감하셨느니라"(막 13:20).

'죽은 자를 위한 세례'라는 사도 바울의 알쏭달쏭한 말도 생각해 볼 수 있다(고전 15:29). 이는 우리의 세례 속에 이미 죽은 자를 연합하려는 대리 세례의 개념이다. 이를 미신으로 보고 배격해야 한다는 견해가 있으나 신학자 아돌프 슐라터(Adolf Schlatter)는 강하게 반박했다. 이 관행의 역사적 배경을 우리가 잘 모르는 데다 그동안 우리도 새로운 관행을 많이 더했기 때문이다. 죽은 자를 위한 세례를 논하면서 슐라터는 기도하는 사람이 있으면 가정과 나라와 친구도 복을 누린다는 사실의 증거를 제시했다. 바울이 아주 명백히 말했듯이, 신자와 비신자가 결혼한 경우 비신자가 신자로 말미암아 거룩해지며 부모 중 신자에게서 흘러나오는 복이 자녀에게까지 미친다는 것이다(고전 7:14).

이런 개념이 무의식중에 군인들의 편지와 소식을 통해 계속 표출되는 것 같다. 우리가 자주 접하는 내용이다. "우리의 신앙생활은 끝없이 단조로운 삶, 매일의 벅찬 임무, 내면의 고립 속에서 시들어 갑니다. 그러니 하나님 앞에서 우리를 위해 중보 기도를 해 주십시오. 우리의 목소리는 잦아들어 거의 끊겼지만 기도하는 사람들을 통해서라도 우리가 그분께 드려졌으면 좋겠습니다."

이 절박한 요청에 담긴 뜻은 우리가 그들을 기도 제목으로 삼는 정도로 그쳐서는 안 된다는 것이다. 그보다 깊은 호소가 서려 있다. "제가 직접 기도하기 어려우니, 부디 당신이 하나님 앞에서 저를 대신해 주세요. 제 마음과 감각이 임무에 짓눌리거나 끝없는 행군의 흙먼지로 숨 막힐 때 제 대신 행동해 주세요." 전선에서 날아오는 군인과 군목의 편지에서 내가 느끼는 것은 대리 중보를 해 달라는 간절한 요청이다. 이것이 단지 내 착각일까? 착각이 아니라면, 이 현상을 어떻게 봐야 할지 함께 고민해야 한다. 자신이 참석하지는 못해도 예배와 기도가 시행되고 있어 위안이 된다고 쓰는 사람이 많기 때문이다. 교회에서 자신을 대신해 뭔가 하고 있어서 안심이라는 것이다.

동일한 방향을 가리키는 듯한 요인이 두 가지 더 있다. 첫째로 주목할 것은 하나님의 말씀을 생전 듣지 않는 지극히 세속적인 이들도 교회의 소멸을 원하지는 않는다는 점이다. 자신에게는 교회가 쓸모없을지라도 말이다. 그들은 구경꾼일 뿐인데도 교회의 신앙고백이 공격받으면 마치 자신이 십자가 아래에 서 있기라도 하듯 결집한다. 이 모순을 어떻게 설명할 텐가?

분명히 많은 세속 인간이 교회의 중보 기도와 그것이 세상사의 흐름에 미치는 영향이 멎기를 원하지 않는다. 그들은 고단한 인생길에서 새끼손가락이라도 뻗어 제단 뿔을 잡는다. 제단 덕으로라도 보호받고 싶은 것이다.

전혀 신앙이 없는 동료 교수가 하계 교육 캠프에서 내게 이렇게 말했다. "선하신 주님을 만나거든 내 안부를 전해 주시오. 내가 넘어지지 않게 해 달라고 빌어 주시오. 그분을 뵌 지 오래돼서 말이오." 속인의 은근하고도 경박한 전형적 수법인데, 들을 귀 있는 자에게는 이것이 그리스도인에게 대리 중보를 호소하는 말로 다가온다. 그가 보기에 그리스도인은 하나님과 가까운 사이라서 궁극적 실재를 웬만큼 알고 있고 기도로 그 실재와 소통하는 사람이다. 다시 말해서 필레몬과 바우키스 부부의 오두막과 신성한 작은 숲이 애초에 황궁에 가까이 있었던 것은 중요한 설정이다. 《파우스트》의 해당 장면에서 괴테는 분명히 그 점을 염두에 두었다.

대중 집회나 굉장히 번잡한 큰길에서 그리스도인이라면 누구에게나 문득 스쳐 가는 생각이 있다. 이 모든 사람이 얼굴에 열정과 회의와 희망을 써 붙이고 무슨 나락으로 치닫는 것일까? 순간에 꽂혀 영원을 망각한 채로 말이다. 당신도 개미 떼 중 하나처럼 동료 인간들 틈에서 종종걸음 친다. 하나님이 그들과 당신을 찾고 계심을 당신만은 안다.

술 취한 세상에서 당신은 정신이 멀쩡한 사람이다. 그러므로 당신이 그들을 향해 손을 뻗고 하나님 앞에서 모두를 위해 중보 기도해야 한다. 의롭다 하심을 입은 우리도 의인 열 명처럼 하나님 앞에서 그들 모두를 대표해야 한다. 그들은 자신이 무엇을 하고 있는지 모르며, 정작 아는 것은 행하지 않는다.

둘째로 기억할 것은 바울이 로마서 8장에서 말한 피조물의 탄식과 기다림이다. 이는 인간 이외의 창조 세계에 대한 말이다. 하나님 나라가 임하기를 구할 때 우리는 이성 없는 자연의 고통과 살벌한 투쟁, 마귀에게 종노릇하는 혼란과 이변과 무질서도 빼놓지 말아야 한다.

만일 그런 의미가 아니라면 "나라가 임하시오며"라는 간구를 어떻게 이해할 것인가?(마 6:10) 또 만일 그런 의미가 맞다면 우리의 기도는 다시 대표 성격을 띤다. 말 못 하고 이성 없는 자연의 대변인이 되어 자연에도 하나님 나라가 임하기를 기도하는 것이다. 역사처럼 자연도 구속되어 새 하늘과 새 땅이 완성될 때 거기에 흡수되도록 말이다.

이렇듯 어디를 향하든 우리는 대리 중보의 개념에 도달한다. 이 시련기에 하나님의 은밀한 은혜가 있으니 곧 고난을 통해 우리가 중보 기도를 배울 수 있다는 것이다.

이 주제를 제대로 다루려면 당연히 위험도 언급해야 한다. 신학자 마르틴 캘러(Martin Kähler)의 표현을 빌리자면, 위험은 특히 "배제적 대리"에 있다. 이 말은 타인의 개인적 결단까지도 부당하게 내가 대신해 주는 중보를 뜻한다. 이는 나를 대표해 교회가 믿는 신앙이며, 가톨릭의 "맹목적 신앙" 교리에서 그 잔재를 볼 수 있다. 그렇게 해석하면 우리는 대리 중보를 오용해 신의 자리에 올라설 뿐 아니라 무엇보다 신앙고백의 결단을 배제하는 것이다. 말씀을 선포할 의무를 저버리고 기도라는 더 쉬운 길을 택하는 것이다.

하지만 행위 없는 믿음이 죽은 것이듯 기도도 선포의 행위가 없으면 죽은 것이다. 대리 중보로 악을 가려서는 안 된다. 이 경우 악은 정적주의(quietism; 인간의 자발적·능동적인 의지를 최대로 억제하고, 초인적인 신의 힘에 전적으로 의지하려는 수동적 사상)다. 대리 중보는 사랑에서 비롯하며 사랑은 말씀 선포를 배제하기는커녕 오히려 추동한다. 대리는 개인적 결단을 본인의 몫으로 남겨 두는 "포용적 대리"여야 그렇지 않으면 기만이다.

이처럼 신자와 비신자와 피조물 모두에게 대리 중보가 필요할진대 우리는 거기에 비추어 기도를 다시 생각해야 한다.

이번에도 필수 요소만 언급하겠다. 두 가지 질문이 제기된다. 하나는 명백하지만, 또 하나는 이 진리를 경험하지 않은 이들에게는 생소해 보일 수 있다. 우선 공중 기도에서 우리는 모임에 참석하지 못한 이들을 위한 간구를 뒷전으로 제쳐 두지 않는가? 그들의 불참이 반발심 때문이 아니라 순전히 고립되어 있기 때문인데도 말이다. 이는 그들의 자만심을 꺾어 달라는 간단한 기도보다 훨씬 더 근본적이고 중대한 문제다.

내가 생각하는 중보 기도의 대상은 하나님의 진리를 듣지 못하되 자만해서가 아니라 다만 물리적으로 멀어서 듣지 못하는 동료 인간들이다. 지식을 받은 우리가 중보 기도로 대표해야 할 대상은 바로 "들을 수 없는" 세상이다. 마귀가 역사에 침투하여 때로 그런 시기를 조장한다. 그때는 우리도 "들을 수 없는" 세상의 현실을 받아들여야 할 뿐 메시지를 선포할 수 없다.

구원이 감추어지고, 상점이 문을 닫고, 작가 라인홀트 슈나이더(Reinhold Schneider)의 표현으로 "예배자가 교회당으로 숨어드는" 때……. 지식 공동체는 바로 그런 시기에 중보 기도로 부름받는다. 기도하는 신자들은 보이거나 들리지 않게 고개를 숙여야 할 수도 있지만, 그렇게 숨어서라도 기도한다.

또 개인 기도에서 우리는 사람들의 처지에 온전히 동화해 기도하는가? 단지 그들을 위해서만 아니라 정말 그들 입장에서 기도하는가? 감히 "우리 아버지여"라고 부를 때 일인칭 복수에 그들을 넣어 그들도 기도의 주체가 되게 하는가? 그런데 이것은 공중 기도에서는 불가능하며 특정한 경험을 특정인과 공유한 경우에만 가능하다. 그러나 공유한 경우에는 반드시 그렇게 기도해야 한다.

물론 꼭 필요한 경우에는 특정한 경험을 공유하지 않았더라도 대리 중보를 할 수 있다. 이에 대한 신학적 입장은 유아 세례 때 아기를 대신해 "나"라고 말하는 보호자의 입장과 비슷하다. 아기는 교회의 일원으로 받아들여져 교회 안에서 장성해야 한다. 그때까지 교회가 앞서 말한 포용적 의미에서 아기를 대행한다. 아기를 대신해 "나"라고 말하는 보호자의 헌신보다 더 굳세거나 감동적인 헌신이 있을까? 그런데 우리는 이것도 대리 중보와 함께 포기하곤 한다. 그러니 예배를 마치고 돌아갈 때 보호자가 자신의 임무를 다했노라고 정말 만족할 수 있을까? 아기를 대신해 "나"라고 말하는 순간 보호자는 어디서도 보기 힘든 절대적 의무로 아기와 결속된다. 감히 세례와 기도에서 대리 중보를 맡았기 때문이다.

지금까지 간략히 살펴보았듯이 이제 우리의 임무인 기도라는 큰 방에 새로운 문이 열린다. 기도에 새로운 일과 새로운 약속이 부여된다. 덕분에 고립되어 있거나 말할 수 없는 이들도 하나님 앞에서 할 일을 얻고, 쓸모없어 보이는 이들도 깊은 불안에서 벗어나 안식과 평안을 되찾는다. 안식과 평안은 의식적으로 섬길

때 주어지며, 그 섬김을 통해 세상에 구원이 임한다. 그러므로 기도하는 사람은 다른 아홉 명과 함께 성읍을 구원하도록 부름받았다. 이것이 우리의 사역이요, 일이며, 기쁨이다.

6.   불투명한 미래의 문턱에서

그분의 손그림자 아래, 찬란한 무지개 아래 살아가기

내가 구름으로 땅을 덮을 때에
무지개가 구름 속에 나타나면.

창세기 9장 14절

창세기 9장 본문의 배경은 다들 아는 대로다. 불경한 인류와 자멸로 치닫던 거대한 세상은 대홍수의 재난으로 망하고 작고 약한 방주와 그 안에 있던 이들만 살아남았다. 죽음의 물속에서 광활한 세상이 서서히 모습을 드러낼 때 소수의 생존자는 적막한 폐허 속에서 외롭기 그지없다.

　세상이 핵으로 망할 수 있을까? 이 문제를 다룬 일러스트가 그려진 논문이 근래에 발표되었다. 무서운 폭풍과 호우, 방사능 낙진으로 인한 떼죽음, 모든 대륙을 삼키는 집채만 한 파도를 현실감 있게 그림에 담아냈다. 논문의 글 자체를 보면 소름 끼치는 침묵 속에 달랑 소수의 생존자만 덩그러니 남아 있다. 사람의 말과 노래는 그쳤고 새도 더는 지저귀지 않는다. 절망적 파멸의 풍경에 모든 눈이 속수무책 겁에 질려 있다.

　마지막까지 살아남은 노아 일행도 물에 잠긴 세상의 참상을 곱씹었으리라. 그야말로 끝이었다.

　그러나 인간은 끝났고 세상은 홍수로 망했어도 선하신 하나님은 예상과 달리 아직 끝나지 않으셨다.

겉보기와는 전혀 다르게 아직 그분께는 파산한 세상을 향한 계획이 있다. 세상을 위해 예비하신 일이 있다. 피눈물에 잠긴 어둡고 악한 지구를 그분은 여전히 은혜와 영광스러운 앞날의 무대로 삼으신다. 물론 천둥과 번개가 계속될 것이다. 지상낙원의 약속은 없다. 이성이 늘 이긴다거나 인간이 천사로 변한다는 약속도 없다. 그런 약속을 믿는다면 그것은 성경에서 온 게 아니라 뜬구름 같은 몽상에서 온 것이다.

우리가 믿을 수 있는 건 아무리 무서운 일이 일어나도 거기에 하나님의 복이 딸려 온다는 사실이다. 그분의 은혜로운 손길이 보이지 않게 우리와 함께한다. 우리를 삼키려는 모든 참사 위에 그분의 은혜와 자비라는 방주가 우뚝 서 있다.

한 해를 마무리하는 우리도 그 풍경 속에 들어가 있다. 수장된 세계의 밤과 새날의 아침 사이에 끼어 있다. 바로 홍수 후의 풍경이다. 방주에서 나온 그들처럼 우리도 끔찍한 폭풍에서 살아남아 아라랏산에서 폐허의 흔적을 둘러본다.

우리는 전쟁의 공포 속에서 질병이나 폭격으로 죽은 사랑하는 이들을 생각한다. 폭풍에 날려 머나먼 변방으로 흩어진 이들을 기억한다. 밝아 오는 새해를 이 밤에 철조망 사이로 내다보는 땅끝의 포로들……. 그들의 눈에는 간절한 열망이 서려 있고 마음은 불안한 의문으로 들끓는다. '우리를 무자비하게 틀어쥐고 놓지 않는 원수 마귀의 손아귀보다 하나님의 손이 정말 더 강하

실까?'

우리는 재판 없이 감옥에 갇혀 한숨짓거나 거짓 재판으로 유죄를 선고받은 이들도 생각한다. 그들은 떨리는 손가락을 들어 올리며 묻는다. '승자와 패자의 세상, 독재와 압제의 세상에 과연 의로우신 하나님이 계실까? 만일 계시다면 우리를 위해 뭔가 하시기는 하는 걸까?'

다 부서진 집의 소리 없는 초인종과 사라진 유년의 꺼져 버린 촛불도 떠올린다. 축축하고 우중충한 벙커에서 새해를 맞이할 사람들, 그중에서도 특히 아이들을 생각한다. 화폐 개혁으로 파산에 직면한 노인들, 해가 바뀌어도 의문이 가시지 않는 철의 장막〔제2차 세계대전 후, 소련과 동유럽 공산주의 국가가 채택한 정치적 비밀주의와 폐쇄성을 자유주의 진영에서 비유적으로 이르던 말〕 너머의 모든 형제자매를 기억한다.

올해의 끝자락에서 참으로 우리는 거대한 어둠에 둘러싸여 있다. 그래서 한 해가 저무는 마지막 날의 해변(shore)을 사정없이 때리며 포효하는 '시간'이라는 파도 앞에서 물을 수밖에 없다. '우리가 사랑하는 모든 생존자도 시간의 급류에 휘말려 죽는 것은 아닐까? 시간이 그들을 떼 놓고 자꾸 흘러 그들의 흔적을 거대한 침묵으로 덮어 버리지 않을까? 삶과 정의와 집과 안전에 목마른 모든 이들을 우리는 정말 외면해야 할까?' "위로 별과 아래로 무덤은 고요하지만" 죽음의 밤과 무심한 궁창의 침묵 사이로 사무친 절규가 피어오른다.

　　물론 한 해의 마지막 밤에 우리는 운명의 밝은 면도 잊어서는 안 된다. 시간은 평소와 다름 없이 흐르고 우리는 무사히 살아남았다. 지난날에 비하면 노래할 일이 많다. 은혜의 하나님이 우리를 날개 아래 품어 주셨다. 새해에 할 일이 있어 즐거운 사람이 얼마나 많은가! 당장이라도 핸들을 잡고 진창에 박힌 차를 빼낼 사람이 얼마나 많은가! 하나님이 힘을 주셨고 도움의 손길도 많았으니 이 얼마나 감사한가! 하지만 이런 눈물겨운 찬송조차 사방에서 우리를 조여 오는 막막한 의문에 둘러싸여 있다.

　　의문은 앞길에도 드리워져 있다. 새해의 문턱에서 앞을 내다보노라면 올해는 또 무슨 일이 닥칠지 절로 의문이 든다. 다행히 오늘 창세기 9장의 본문이 우리에게 미래를 어떻게 봐야 할지 알려 준다. 특별히 생존자에게 주신 말씀이라 그렇다. 그들은 아직도 재난의 공포가 뼈에 사무치고, 파멸의 섬광이 눈앞에 번득이며, 삼킬 듯이 거센 물소리가 귀에 쟁쟁하다. 그럼에도 불구하고 하나님의 자비로 새로운 여정에 또다시 오른다.

　　창세기 9장 14절 본문의 "나타나면"이라는 말에 미래의 신비가 담겨 있다. 우리도 새해에 무엇이 나타날지 의문이지 않은가. 새해의 문턱에서 우리는 착시 현상에 감쪽같이 속기 쉽다. 우리가 탄 기차는 멈춰 있고 옆 선로의 기차가 움직일 때와 비슷하다. 마치 우리가 이동하고 다른 차는 정지한 듯 보인다. 마찬가지로 시간은 정지된 채 끝없이 뻗어 있는데 우리가 새해를 향해 돌진하는 것처럼 느껴질 수 있다. 하지만 사실은 정반대가 아닌가? 정말 우리가 새해의 문턱을 넘어가는가? 새해가 문턱을 넘어 우리에게 오는 게 아니던가? 미래가 우리 쪽으로 온다. 우리도 내심 그것을 알기에 새해에 무슨 일이 닥칠지 의문이 드는 것이다. 새해는 대체 무엇을 들고 우리 앞에 나타날까?

이것이 "나타나면"에 암시된 의미다. 과연 뭔가가 나타날 것이다. 본문에 보면 우선 "구름"이 나타난다. 어떤 구름인지, 번개가 어디서 칠지는 나와 있지 않다. 미지의 무엇이 나타난다고만 되어 있다. 그 막연함이 우리를 애태운다는 뜻이다. 가능성은 무궁무진해서 "구름"은 그야말로 무엇이든 될 수 있다. 동서양 대륙 간에 번개가 칠 수 있다. 그게 구름일지도 모른다. 오늘 내가 쌓아올린 것이 내일 다 무너질 수도 있다.

어떤 구름은 또 아주 다르다. 연인의 사랑이 식어 영원해야 할 행복이 가뭇없이 사라질 수 있다. 그게 구름일까?(그렇게 관계가 깨질까 봐 전전긍긍하는 사람이 얼마나 많은가) 남편이 수용소에서 풀려나지 못하거나 아예 실종될 수 있다. 딴사람이 돼서 돌아올 수도 있다. 그게 구름일까? 너무 많아 일일이 열거하기도 힘들다. 그저 "나타나면"이라는 암울한 말의 의미를 곱씹어 볼 뿐이다. 뭔가가 나타날 테니 말이다.

딱히 두려운 일은 없을 수 있다. 삶이 비교적 순탄할 수 있다. 그래도 삶은 예측할 수 없고 미래는 너무 불확실하다. 특별한 두려움이 없어도 대개 막연한 미래가 걱정된다. 바로 삶에 대한 두려움이다.

다행히 창세기 9장 14절의 웅대한 위로와 격려는 바로 거기에 닿아 있다. 하나님은 "내가 구름으로 땅을 덮을 때에"라고 말씀하신다. 구름은 제멋대로 돌아가는 운명이나 우연이 아니다. 구름 위로 뻗으신 손이 있다. 그 손만이 구름과 대기와 바람의 행로와 방향을 정하신다. 그래서 모든 것이 결국 선을 이룬다. 구름을 주관하시는 손은 친히 우리를 위해 십자가에 못 박혀 찢기신 손이다. 아이의 머리에 얹고 복 주신 손이고 병으로 인한 괴로움에 시달리는 몸을 치유하신 손이다. 그분이 엄위하게 손을 뻗고 바람과 파도에게 명하시면 호수는 즉시 맑고 고요한 물로 변하고 거친 풍랑은 숨을 고른다.

풍랑이 몰아칠 때 바로 그 손이 일하신다. 이 선하신 손의 다스림을 벗어나서는 아무 일도 벌어질 수 없다. 모든 일이 우리에게 선을 이루도록 그 손이 이미 체험하고 검증하셨다.

무슨 일이 닥치든
주 이미 다 아시니
어찌 복이 아니랴.

그래서 그리스도인은 늘 미래에 당당히 맞설 수 있다. 그분의 손을 바라보기에 하늘에 먹구름이 나타나도 끝내 초연할 수 있다. 무슨 일이 닥칠지 모르기는 우리도 남들과 다를 바 없지만 누가 오실지는 안다.

밧모섬에서 요한이 본 웅대한 위로의 환상도 그와 같다. 그는 인류 역사의 종말에 몰려드는 구름을 보았다. 만물의 종말과 하나님의 위풍당당한 승리가 구름과 무서운 환상을 통해 암시된다. 그런데 구름을 탄 것은 복수하는 천사의 불 병거가 아니다. 구름을 타신 분은 우리 왕 예수 그리스도시다. 그분은 그렇게 다시 오신다.

무슨 일이 닥치든 우리는 그것을 통해 성장할 것이다. 새해에 나타날 모든 좋고 나쁜 일은 최후의 웅장하고 위대한 순간을 맞이하기 위한 우리의 준비 과정이다. 그 순간을 향해 가는 것이 역사의 최종 의미고 당신과 내 삶의 의미다. 이 사실을 명심하면 치우침 없는 걸음으로 풍랑을 당당히 통과할 수 있다. 주변의 모든 천둥 번개가 하늘 보좌에서 울리는 큰 음성의 메아리일 뿐임을 알기 때문이다. 그 음성으로 인해 사탄은 하늘에서 쫓겨나고, 지금껏 우리를 하나님의 손에서 빼내 하나님 자녀의 평안을 앗아가려 하던 모든 세력을 그리스도께서 완전히 물리치신다.

그리하여 우리 입에서 이런 고백이 절로 나온다.

죄와 지옥이 날뛰어도
주 우리를 두르시네.

요컨대 새해에 우리가 통과해야 할 구름은 위험한 먹구름이 아니라 사랑과 능력이 넘치시는 그분의 손그림자다.

그런 의미에서 두 개의 무지개를 끼워 맞추면 성경의 굵직한 사건들로 예시되는 세계 역사가 완성된다. 첫 무지개는 대홍수 심판 후에 떠올라 원시시대의 종말을 알렸고, 사도 요한이 본 마지막 무지개는 하나님의 보좌 위에 둘려 세계 역사의 종말을 고한다.

물론 역사의 여정은 어둡다. 많은 벼랑과 폭풍을 지난다. 우리가 이미 겪었고 앞으로 더 실감할 것이다. 그러나 이 길은 위대한 사랑으로 시작되어 위대한 완성으로 끝난다. 세상은 길을 잃었어도 하나님의 사랑은 한결같다. 그래서 그 여정이 끝날 때 그분은 소련 사람과 미국 사람, 시베리아의 포로와 양로원의 노모, 앞으로 태어날 아이와 먼바다에서 죽은 이들까지 모든 자녀를 맞아 주신다.

우리의 여정은 정처 없는 유랑이 아니다. 구름과 번개가 시야를 가려도 모든 것이 우리 생각과는 무한히 다르다. 이 사실을 잘 담아낸 찬송가가 있다.

길 가는 나그네
저 본향 향하네.
거기서 내 주께
큰 위로 받겠네.

겉보기와는 전혀 다르게 우리의 여정은 정말 '하나님의 은혜'라는 첫 무지개에서 '그분의 승리'라는 마지막 무지개로 진행된다. 그분의 품이 우리의 쉼터다. 전능하신 그분이 우리를 지켜 주신다.

여기서 우리를 위로해 주는 창세기 9장 14절의 두 번째 요지가 나온다. 삶이 힘들어질 때마다 하나님은 우리에게 은혜와 승리의 무지개를 보여 주신다. 무지개가 어떻게 뜨는지 눈여겨본 적이 있는가? 아직 비구름의 맹위가 가라앉기 전에 갑자기 찬란한 햇살이 신기하게 구름을 뚫고 쏟아진다. 그러면서 분광이라는 기이한 현상이 벌어지는데, 이때만큼 빛이 다채로운 색깔을 뿜낼 때는 없다. 이 빛의 축제는 햇살이 지구의 사나운 비바람과 충돌하는 바로 그 순간에 벌어진다. 하나님의 은혜라는 햇살도 마찬가지다.

은유의 의미는 분명하다. 하나님이 우리 앞에 자신을 드러내며 충만한 은혜를 베푸시는 때는 바로 우리가 슬프고 괴로울 때다. 어두운 밤과 풍랑을 통과할 때다. 당신도 알지 않는가. 하

삶이 힘들어질 때마다 하나님은 우리에게
은혜와 승리의 무지개를 보여 주신다.
무지개가 어떻게 뜨는지 눈여겨본 적이 있는가?
아직 비구름의 맹위가 가라앉기 전에
갑자기 찬란한 햇살이 신기하게 구름을 뚫고 쏟아진다.
그러면서 분광이라는 기이한 현상이 벌어지는데,
이때만큼 빛이 다채로운 색깔을 뿜낼 때는 없다.
이 빛의 축제는 햇살이 지구의 사나운 비바람과 충돌하는
바로 그 순간에 벌어진다.
하나님의 은혜라는 햇살도 마찬가지다.

지만 이 사실을 당신 자신의 삶에 대입해도 선뜻 그렇게 수긍이 되는가? 나처럼 당신도 이것이 삶 속에서 사실로 확인될 때만 감사하며 간증할지도 모른다. 매번 확인하려는 것이다. 하지만 극심한 고통으로 내몰렸을 때만큼 그분의 임재와 위로가 생생하게 느껴진 적도 없다. 그때는 공격을 피할 대피소도, 당신을 치료해 줄 의사도 없고, 누구 하나 진정한 위로의 말 한마디 건네지 않는다.

무지개는 늘 어두울 때 가장 큰 위로로 빛나고, 하나님도 가장 깊은 밤에 가장 큰 사랑으로 손을 내미신다. 이것을 아는 사람은 그분의 약속을 믿는다. 자비의 무지개는 새해 위에도 둘러 있다. 그래서 무서운 한 해만 아니라 형언할 수 없는 위로의 한 해도 될 것이다. 주님의 해라서 그렇다. 그분이 기적을 준비해 두고 우리를 기다리신다. 꼭 필요한 순간에 도움의 말씀이 그분의 전령처럼 찾아올 것이다. 그분이 보내실 사람, 미소 짓는 아이, 신기한 확증을 통해 그분의 사랑이 표현될 것이다.

또 그분은 우리 입으로 능히 해방의 기도를 드리게 하시고, 그 기도를 통해 우리의 모든 염려를 아버지처럼 받아 주신다. 아버지가 계시기에 우리는 방랑자처럼 정처 없이 떠도는 삶이 아니라 그분의 기적에 늘 놀라며 살아간다.

두 해의 갈림길에 선 우리에게 이렇듯 위로와 감사와 밝은 희망이 넘친다. 하나님이 시간을 더 주시니 모든 것이 다시 새로워질 수 있다. 그래서 창세기 9장 14절의 마지막 메시지는 우리가 과거를 뒤로하고 묵은해의 잘못과 실패와 죄를 영원한 자비 속에 깊이 묻을 수 있다는 것이다. 무지개는 새로운 세계가 열리고 하나님이 또 기회를 주신다는 상징이다. 그러니 과거의 죄에 얽매여서는 안 된다. 하나님이 이미 용서하셨고 예수님이 대신 지고 가셨다.

이제 새로 시작할 때다. 하나님이 과거를 말소하고 빚을 탕감하셨으니 우리는 처음부터 다시 시작할 수 있다. 그 말이 무슨 뜻일까? 그리스도인은 미래형 인간이다. 과거의 짐은 걷혔다. 그래서 우리는 용서받고 자유롭게 살아간다. 찬란한 무지개는 하나님이 하늘에 "용서와 새 출발"이라고 쓰신 글씨와도 같다.

지난해의 기나긴 밤과 모든 죄는 하나님으로 말미암아 진짜로 지나갔다. 반짝이는 무지개가 새날을 열어 아침이 동튼다. 그분의 긍휼하심은 무궁하여 아침마다 새롭고, 그분의 성실하심은 한없이 크다.

"그대에게 희망을"이라는 괴테의 시구가 우리 그리스도인에게는 승리와 축제의 새로운 의미를 얻었다.

그러므로 새해를 힘차게 맞이하자. 우리는 미래형 인간이다. 장차 다시 오실 그분께 속한 존재다. 우리가 지나갈 음침한 골짜기마다 산이 우뚝 솟아 있어 우리의 도움은 거기서 온다. 이미 산꼭대기는 장차 임할 영광으로 벌겋게 물들어 있다. 벼락은

번쩍이고 소리만 요란할 뿐 결코 우리를 때리지 못한다. 우리가 밟을 길은 이미 평평하게 다져져 있다. 바람과 폭풍의 행로를 정하시는 그분이 길을 닦아 두셨다. 하나님이 우리를 놀라게 하실 일이 어디서나 기다리고 있다. 보리라 약속된 것을 보는 눈은 복이 있다.

> 사방에 벼락이 칠 때
> 주께서 우리의 힘 되소서……
> 영원한 빛이신 주여,
> 어두운 밤에도 이끄소서.

Part 2

격랑의 시대에 깃드는 그리스도의 빛

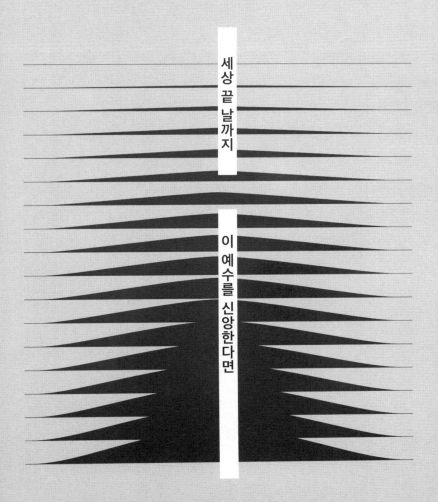

세상 끝 날까지

이 예수를 신앙한다면

The Silence of God

7. 가장 깊은 밑바닥까지 쏟아진
구원의 광채, 예수

성탄절의 참뜻

거기 영원한 빛 비치니

온 세상 새롭게 빛나네.

밤을 밝히는 그 광채로

우리도 빛의 자녀 되네.

빛의 진가를 알려면 빠뜨려서는 안 될 게 있다. 바로 캄캄한 밤이다. 빛이 비치려면 밤도 있어야 한다. 성탄절에 대한 모든 환상적인 꿈들은 여기서 한계에 부딪친다. 그런 꿈들이 위험한 이유는 우리 눈이 감겨 있어 바깥에서 참빛이 비쳐 와도 이를 알아차리지 못하기 때문이다.

　자연스럽게 인간은 성탄절의 매혹적인 불빛 주위로 모여든다. 꿈속의 빛이든, 꾸며낸 빛이든, 진짜 빛이든 상관없다. 잠시나마 빛 속에서 즐기고자 다들 칙칙하고 어두운 자리에서 나온다. 춥고 배고픈 이들, 방공호나 대피소에 수용된 이들, 갈 곳 없이 버림받아 외로운 이들, 정신착란에 시달리는 참으로 가여운 이들……. 이 모두가 빛을 찾는 이유는 잠시나마 모든 기억을 잊고 기분을 전환하며 행복한 순간을 즐기기 위해서다.

　이는 마치 베토벤(Ludwig van Beethoven)의 오페라 〈피델리오〉(Fidelio)에 나오는 죄수들의 합창을 연상케 한다. 감옥 뜰에 햇빛이 쏟아지자 그들에게서 그리움의 노래가 터져 나오고, 그들은 한동안 지하 감옥을 잊은 채 단꿈에 젖는다.

그러나 어둠을 잊어야 하는 가상의 빛 속에서는 즐거움이 오래가기가 힘들다. 그런 빛은 기적일 수 없기 때문이다. 빛이 기적이 되려면 깊고 어두운 밤을 직시해야만 한다. 여기서 밤이란 이 땅과 모든 민족을 뒤덮은 어둠이고, 우리를 에워싸는 사망의 음침한 골짜기다. 밤의 유령 같은 시름, 한낮에 만난 도깨비 같은 두려움이며, 무엇보다 우리를 옴짝달싹 못 하게 지배하는 집요한 죄책감이다.

어둠은 특정한 사건으로 찾아올 수도 있으며, 우리네 일생이 바로 그 산 증거다. 이 모두를 무조건 온전히 받아들이고 직시해야만 우리는 하나님이 바로 그 칠흑 같은 어둠 속으로 침투해 오셨다는 사실을 기적으로 실감할 수 있다. 그분은 하늘을 활짝 열어 이 땅 가득히 빛을 내리셨다.

왜, 파괴된 도시의 잔해도 햇빛을 받으면 초목의 안식처인 듯 어쩐지 달라 보이고, 폐허의 난장판도 석양에 물들면 신기하게도 낭만의 기운을 풍기지 않던가. 하지만 비교는 거기까지만이다. 우리는 잠시 "빛"이란 단어의 일반적인 의미로 떠나 상상의 날개를 폈다. 그래야 성탄절의 메시지로 선포되는 빛이 얼마나 다른지를 제대로 이해할 수 있기 때문이다.

역사의 폐허 위에 떨어지는 빛이 신기하게도 허무의 윤곽을 교묘히 덮어 더욱 희미해 보이게 할 뿐이라면, 과연 그것을 구원의 빛이라 할 수 있겠는가? 잠시의 매혹은 당연히 척박하고 냉엄한 현실에 밀려나야 마땅하지 않겠는가? 현실을 보면 알 수 있듯이 그런 꿈은 신기루이며 부끄러운 허상이다.

하늘을 열고 이 땅을 밝게 비추시는 하나님을 그렇게 일반적인 의미로 해석한다면 이런 질문이 제기될 것이다. "나라끼리 전쟁을 하거나 서로 불신하여 노려볼 때 그분의 빛은 대체 어디 있는가?" "그 빛은 옛 무덤과 새 묘지도 비추는가? 냉혹한 자본주의 세상이나 한때 옥토였던 사막도 비추는가?"

성탄절이 말하는 빛과 인간이 생각하는 빛의 차이가 바로 여기에 있다. 여기서 중요한 것은 눈에 보이는 공간도 아니고 시공을 초월하는 광채도 아니다. 우리가 알아야 할 비범하고도 어려운 개념은 이것이다. 참으로 온 하늘이 열려 영원한 빛이 충만하게 쏟아지고 천상의 합창대와 모든 천사가 침투 시점에 모여 하늘의 광채에 찬송을 싣지만, 영원이 시간 속에 들어와 모든 희망과 염원을 이루어 줄 이 침투는 딱 한 지점으로 수렴된다. 바로, 구유에 누인 아기 예수.

거기서 하나님의 지극히 큰 사랑은 가장 작은 모습으로 자신을 내주고, 그분의 영원한 권능은 연약하고 보잘것없는 몸속에 둥지를 튼다. 사랑의 힘은 크거나 높은 데 있지 않고, 작아져 자신을 내주는 능력에 있기 때문이다. 그렇게 그분은 스스로는 결코 천국에 얼씬거리지도 못할 낮고 천한 이들 곁으로 다가오신다.

"거기 영원한 빛 비치니."

"거기"가 강조된다. 오직 이 작고 힘없는 아기 예수가 있는 곳. 거기 누인 아기를 만나 우리도 "빛의 자녀"가 되려면 우리도 "거기"로 길을 떠나야 한다. 이제 어두운 세상의 지하 감옥에서 스스로 헤어나려 애쓸 필요가 없다. 우리 힘으로 되지도 않을뿐더러 다른 성취로 대신하려고 궁리하고 우겨도 다 착각이다. 이제 그런 게 다 필요 없다. 빛이신 그분이 친히 내려와 웅덩이 속까지 훤히 비추시기 때문이다. 그분의 빛은 가장 밑바닥에 닿아 우리 삶의 가장 은밀하고 어수선한 구석구석을 파고든다. 우리도 "거기"로 가야 한다. 바로 거기서 하나님이 우리를 만나 주신다. 바로 거기서 예수님이 우리를 기다리신다.

우리가 아무리 낮은 데로 떨어져도 하나님은 그보다 더 낮은 데 계신다. 예수님이 가장 낮은 곳에 이르신 때는 아기로 오신 성탄의 밤이 아니라 십자가에 달려 "나의 하나님, 나의 하나님, 어찌하여 나를 버리셨나이까"라고 부르짖으시던 순간이다(마 27:46). 그 고통은 너무도 처참해서 인간의 그 어떤 극심한 고난도 거기에 비할 바가 못 된다. 그분은 자기 몸과 영혼의 고통만 아니라, 무한한 시공을 아우르는 무수한 인류의 죄와 고통까지 대신 감당하셨기 때문이다. 우리 인간의 고뇌가 아무리 깊어도 그분의 십자가는커녕 구유에도 못 미친다. 십자가에 못 박히신 그분의 손만이 구유와 십자가 사이의 간극을 잇는다.

성탄절은 우리가 기분 전환을 하는 날이 아니라 역사의 특정 시점에 벌어진 하나의 큰 사건이다. 이는 아무리 강조해도 지나치지 않은 사실이다. 빛 가운데 서려면 우리 모두 그분이 계신 "거기"로 가야 한다.

성탄의 의미를 더 깊이 이해하기 위해 두 가지를 더 생각해 보자. 대중에게 널리 알려졌으나 실상 진정한 기독교와는 거리가 먼 한 찬송가는 천상의 빛 가운데 거하는 영혼을 노래하느라 성탄 메시지에 담긴 깊은 위로를 놓친다. 그 노래가 가리켜 보이는 성탄 장면에는 아기 예수와 목자들과 천사 합창대와 마구간은 없고 그저 가상의 세계만 있을 뿐이다. 우리 몸은 영혼을 가두는 감옥에 불과하고 그 위로는 감히 범접할 수 없는 하늘 세계의 광채 뿐이다. 지친 나머지 체념한 채 그곳만 막연히 꿈꾸는 것이다.

그러나 진정한 성탄절은 이와 완전히 다르다. 영원하신 하나님이 하늘의 영광을 떠나 초라한 구유를 거처로 삼으셨다. 우리가 살고 있는 불안과 염려의 감옥에 그분이 친히 들어오셨다. 유혹과 슬픔은 이 땅에 거하는 인간에게만 닥칠 수 있다.

하나님의 사랑이 그렇게 나타났으니 이제 우리는 세상이 참혹하다는 이유로 무기력해질 수 없다. 우리의 오두막과 폐허 속에도 그분의 사랑이 머문다. 고통에 신음하는 초라한 이 땅이 하나님의 아들께 구유와 십자가를 내드렸다. 그래서 이 땅은 더 이상 우리에게 완전히 이질적인 곳만은 아니다. 영원한 본향의 맛

보기 거처다.

본향이 우리가 살고 있는 이 먼 나라에까지 쑥 들어왔으니 과연 지금은 구원의 때다. 불안과 혼돈의 어두운 감옥에 빛이 침투했으니 이제 세상도 완전히 어둡지만은 않고 신성해졌다. 음침한 골짜기에 함께할 길동무가 계시고, 신성한 세계의 표지판이 우리에게 순례길의 방향을 알려 준다.

이 땅에 그분의 구유와 십자가가 들어선 덕분에 이제 하늘의 의와 위엄이 땅에서도 빛날 만큼 빛난다. 인간 스스로는 결코 얻지 못할 복이 은혜로 이 땅에 거저 임했다. 이제 땅은 더 이상 고통에 매몰되어 있지 않고 표지판처럼 이 땅 너머의 약속을 가리켜 보인다. 세상에서 난 것이 아닌 세상에 주어진 약속 말이다.

한 가지 더 생각해야 할 부분은, 인간이 안다고 생각하는 빛은 실제 빛과 다르다는 사실이다.

깊은 밤에 우리는 다가올 새벽을 생각하며 위로받고, 한겨울에는 새 생명을 싹 틔울 봄을 기다린다. 무한 반복하는 자연의 리듬에서 위안을 얻는 것이다.

하지만 사실 우리는 이 땅과 모든 민족을 뒤덮은 어둠에서 도저히 벗어날 길이 없다. 세상은 아무도 일할 수 없는 캄캄한 밤 같다. 인간의 악한 생각은 점점 끔찍한 극단으로 치달아 결국 심판의 날에 이른다. 전쟁과 소요는 결코 영원한 평화로 행복하게 끝나지 않는다. 기껏해야 말뿐인 휴전으로 잠시 중단될 뿐이다.

성경은 칠흑 같은 밤을 지나는 우리에게 낮을 기다리라 하지 않는다. 이 땅에서는 낮이 오지 않기 때문이다. 다만 어리석은 무리가 사회적, 정치적 낙원을 꿈꿀 뿐이다. 그러나 성탄의 빛이야말로 "밤을 밝히는 그 광채"다. 혼돈 속에서 살아가는 우리에게 지금 이미 하나님의 평화가 선포되었다. 지금 이미 천사들이 노래하고, 지금 이미 그분이 사랑으로 우리와 함께하며 기적을 베푸신다.

우리도 다 그것을 조금씩은 맛보지 않았던가? 가장 행복했던 때는 언제였는가? 나방처럼 이 빛 저 빛 바삐 쫓아다니며 잠시나마 즐기던 희열의 순간이 아닌 그야말로 눈앞이 캄캄하던 깊은 밤 아니었던가? 물론 슬픔이 발휘하는 정화력이 기쁨보다 크다는 심리학적 법칙은 없다. 슬픔에 무너진 이들도 아주 많다. 그들에게 슬픔은 복보다 저주였다. 그러나 하나님 나라의 신비는 이렇게 나타났으니 곧 그분이 깊은 밤에 우리를 찾아오셨다는 것이다. 그리하여 이제 그 빛이 어둠을 비춘다.

슬픔에 복이 약속된 이유는 자연의 리듬 때문이 아니다. 바로 그분이 오셨기 때문이다. 결정적 사건이 성탄절 그 밤에 벌어졌다. 그래서 이제 우리의 깊고 깊은 밤에도 하나님의 복과 약속이 충만하고 천사들의 합창이 메아리쳐 들려온다.

따라서 우리는 빛에 대한 잘못된 생각을 모두 고쳐야 한다. 늘 기적을 경험하며 살기에 이제 고칠 수 있다.

성경은 하나님의 구원이 선포되었기에 세상에 "새 노래"가 있다고 역설한다. 더는 사랑과 죽음에 대한 옛 노래가 아니다. 같은 맥락에서, 이 땅의 모든 어두운 웅덩이에 새 빛이 비치고 있다고 말할 수 있다. 이것은 허울 좋은 위로로 찜찜한 그림자를 남기는 옛 빛이 아니다. 우리를 속이는 기쁨과 슬픔, 낮과 밤, 겨울과 봄의 리듬도 아니다. 이런 반복 주기는 그저 잠깐의 전환을 가져다줄 뿐이다.

새 빛의 근거는 처음부터 우리를 사랑하신 하나님이 마침내 찾아와 사랑으로 값을 주고 우리를 사셨다는 사실이다. 그러려고 예수님이 우리의 불행한 세상 속에 작고 연약한 아기로 태어나셨고 우리 대신 십자가에 달려 고통 가운데 죽으셨다.

그 무엇이 우리를 이 하나님의 사랑에서 끊을 수 있겠는가?

그리스도께서 오셨는데 말이다!

8. 완전히 버림받음으로
완전히 어둠을 끝내신 예수

성금요일의 참뜻

제 구시쯤에 예수께서 크게 소리 질러 이르시되
엘리 엘리 라마 사박다니 하시니
이는 곧 나의 하나님, 나의 하나님,
어찌하여 나를 버리셨나이까 하는 뜻이라.

마태복음 27장 46절

역사의 뒤안길에는 수많은 순교자가 있다. 그들은 스테반처럼 돌멩이 세례를 받을 때도 얼굴이 빛났고, 게르트루트 폰 르포르(Gertrud von Fort)의 소설에 등장하는 "형장의 마지막 이슬"처럼 찬송을 불렀으며, 그중 어떤 이들은 소크라테스(Socrates)처럼 냉소와 우월감에 젖어 사형을 감수하기도 했다.

이제는 다 과거가 되었지만 지금도 그들은 훌륭한 귀감으로 남아 대대로 존경심을 불러일으킨다.

그러나 "골고다 즉 해골의 곳"의 장면은 이와는 매우 다르다(마 27:33). 지진이 났는데, 그로 인해 진동한 땅은 다름 아닌 우리네 땅이다. 해가 빛을 잃었는데, 처참한 광경을 차마 볼 수 없어 얼굴을 가린 해도 우리네 해다.

무엇보다 현장에 등장하는 이들이 다 우리네 세상 사람이다. 십자가 아래에는 백부장이 있다. 사건의 배경을 모르는 그도 종교심은 있기에 자신이 처형한 예수님을 보며 "이 사람은 정녕 의인이었도다"라고 떨며 고백할 수밖에 없다. 여자들이 있다. 그들은 끔찍한 결말에 경악하며 순전히 인간적인 입장에서 비통해

한다. 주사위를 던지는 무리도 있다. 그들은 자신과 온 인류의 운명이 결정되는 지점의 바로 코앞에서 사소한 일로 시간을 때운다. 남의 고통에 쾌감을 느끼는 이, 흥분을 즐기는 이, 냉담한 이도 있다.

문명 세계의 공직자도 있다. 그들은 역사가 본분을 다해 하나님께 받은 사명을 이루는 이 사건을 소위 고차원의 통상적 사법 절차로 처리한다. 제자들도 있다. 그들은 심란하고 무력하며 당장 제 앞길이 걱정이다. 마지막으로, 그냥 구경꾼이 있다. 그들은 종교에는 별 관심이 없고 그저 짜릿한 전율만 있으면 된다. 전율을 얻는 곳이 성전의 예배 의식이든 골고다 언덕의 유혈 현장이든 그건 별로 중요하지 않다.

모든 가담자가 지금 우리가 사는 세상의 사람들과 똑같지 않은가? 비통한 이부터 호기심에 끌린 이, 그분께 마음을 사로잡힌 이, 냉담한 이까지 전부 말이다. 오늘 이 성금요일에 우리는 왜 여기에 모였는가? 이 험악한 사형 집행 이야기를 라디오로 듣는 이들은 왜 듣는가? 봄날의 눈부신 전원을 여행 중인 이들마저도 왜 이 시간에만은 교회를 찾아가 십자가 이야기를 듣는가?

어떤 이는 자신을 위해 죽으신 구주를 생각하며 "주님 앞에 왔사오니 저를 외면하지 마소서"라고 기도한다. 어떤 이는 그분의 인간적 위엄과 고독에 매료된다. 그분을 위인으로 우러르며, 우리 모두 그분의 죽음의 순간을 기념해야 한다는 것이다. 어떤 이는 삶의 짐이 무거워 그분께로 이끌린다. 그분도 큰 슬픔을 당하셨으니 같은 처지가 아닌가. 우리네 십자가 밑에도 주사위를 던지는 이들이 있다. 사상 최악의 죽음이 묵직하게 우리를 추적하는 이 시간에도 많은 사람이 편하게 아침을 먹거나 재즈를 듣는다.

그런데 참으로 그분의 죽음은 다른 여느 순교자의 죽음과는 매우 다르다. 골고다 사건에 과거란 없다. 우리 모두가 가담자다. 죽임당하신 그분도 다른 순교자들과 완전히 다르다. 그분은 육신을 입은 인간으로 사셨다. 극기파(Stoic)처럼 경멸과 우월감에 젖어 살다가 미천한 지상에서 지순한 천상으로 옮겨 가신 게 아니다. 오히려 한없이 처참하게 고립되어 절망 중에 무력하게 부르짖으신다. 여기 피할 수 없는 섬뜩한 최후가 있다. 늘 영원에 맞닿아 숨 쉬며 살아오신 그분이 마지막 순간에 "나의 하나님, 나의 하나님, 어찌하여 나를 버리셨나이까"라고 절규하신 것으로 보아 분명 예사롭지 않은 일이 벌어진 게 틀림없다. 그래서 이 죽음은 여느 죽음과는 상당히 다르다.

도대체 무슨 일이 벌어진 것일까?

십자가형이 몸에 가하는 고통도 처참하지만, 그분은 하늘 아버지의 가슴에 한가득 들어찬 우리의 모든 고통과 슬픔을 인간으로서 대신 당하신다. 하나님이 우리를 위해 고난당하신다는 사실 하나만 깨달으려 해도 우리의 사고는 철저히 달라져야 한다.

오늘날 성경을 위대한 문학작품과 교양서적 읽듯이 읽는 이들이 있다. 아마 그들은 속으로 자신이 인류의 종교심에 관한 고전을 공부한다고 생각할지도 모른다. 궁극적 실재를 찾으려는 인간의 추구가 어디까지 발전했는지 확인하려고 말이다. 그런데 성경을 그런 관점에서 읽는 이들이 맞닥뜨리는 뜻밖의 결론이 있다. 성경의 주제가 그들의 논리를 완전히 뒤집어, 그들에게 지금껏 하나님 쪽에서 어떻게 인간을 찾고 또 도우셨는지를 묻게 만든다는 것이다.

그 점을 알고 나면 또 하나의 기막힌 사실이 그들 앞에 다가선다. 현대 교양인이 보기에 분명 하나님의 비극이라 할 만하다. 그들이 읽었듯이, 그분은 어디서나 문을 두드리신다. 인간을 찾아와 복과 심판을 내리신다. 무서운 재난과 풍성한 선물을 통해 인간이 그분을 찾고 평화를 얻기를 그분은 바라고 힘쓰신다. 그런데 역시 그들이 읽었듯이, 인간은 그분의 초대와 구애를 알아차리지 못한다.

그분은 방공호과 고달픈 강제수용소로 당신을 찾아오셨다. 당신을 살리셨고, 동료 인간을 선물로 주셨으며, 결정적 순간마다 만나 주셨다. 그런데 당신은 분주한 일상생활에 떠밀려 크고 작은 표적을 늘 놓쳤다. 매일의 소음에 파묻혀 영원이 부르는 소리를 망각했다. 그러니 하나님이 이렇게 탄식하실 만도 하다. "공중의 학은 그 정한 시기를 알고 산비둘기와 제비와 두루미는 그들이 올 때를 지키거늘 내 백성은 여호와의 규례를 알지 못하도다"(렘 8:7).

앞서 말한 하나님의 슬픔 내지 비극이란 바로 그런 의미다. 누구나 겪어 봤겠지만, 상대가 내 도움을 받지 않겠다고 고집하면 상대를 사랑할수록 나는 그만큼 더 슬퍼진다. 하나님이 당신 때문에 얼마나 슬프신지 알려면 그분이 당신을 얼마나 깊이 생각하고 사랑하시는지 깨달아야 한다.

우리로 인한 하나님의 슬픔은 전부 예수 그리스도께로 수렴된다. 그분이 십자가에서 죽으시던 순간에만 그런 것도 아니다. 나사렛 예수의 운명은 처음부터 남달랐다. 그분이 태어나실 때부터 산모는 투숙을 거부당해 신생아를 구유에 뉘었다. 또 이미 아기 때 그분은 피난을 가서야 했다.

예수께 확실한 것은 평생 하나뿐이었으니 곧 하나님이 우리를 선뜻 도우신다는 사실이다. 그 확신이 예수님의 말씀과 행동과 고난으로 실현되었다. 그분이 목숨을 바쳐 우리에게 주시려던 것도 그 하나의 확신이다. 그분은 우리를 불러 하나님이 예비하신 기쁘고 풍성한 삶을 받아 누리라 하신다.

그런데 성경에 거듭 밝혀져 있듯이, 인간은 그분을 이해하지 못했고 원하지도 않았으며 계속 똑같이 살아가려 했다. 그분은 평화를 회복하려고 오셨건만 인간은 그분을 평화의 걸림돌로 취급했다. 그래서 그분은 이 땅에서의 삶을 마치실 즈음에 이런 탄식을 쏟아 내셨다. "예루살렘아 예루살렘아 …… 암탉이 그 새끼를 날개 아래에 모음같이 내가 네 자녀를 모으려 한 일이 몇 번이더냐 그러나 너희가 원하지 아니하였도다"(마 23:37).

그렇게 끝났다. 십자가가 세워졌다. 이게 결말이다. 하나님이 인간 때문에 고난을 당하셨다. 그래서 골고다는 하나님의 고통이다.

앞서 말했듯이 하나님의 고통이 그토록 처절한 이유는 그분이 우리를 한없이 사랑하시기 때문이다. 사랑하는 친구가 시시각각 파멸로 치닫는데 친구를 도울 수조차 없다면 누구나 그것이 자신의 죽음처럼 느껴질 것이다. 사랑이란 온전한 공유를 뜻하기에 상대의 불행이 곧 내 고통이다.

하나님의 아들에게 성금요일은 그런 의미다. 그분은 세상 죄를 지고 가셨다. 이 말이 아주 독단적인 말처럼 들릴 수 있다. 그러나 우리도 인간으로서 그것을 얼마든지 이해할 수 있다. 구주의 심장이 길을 잃고 불행한 자녀를 향한 불타는 사랑으로 뛰고 있음을 알기만 한다면 말이다. 그분은 자녀들을 사랑하시기에 이해하시고, 이해하시기에 자녀들과 함께 고난당하신다.

혹시 소련에 포로로 끌려간 아들을 둔 어머니가 지금 이 자리에 있을지도 모르겠다. 아들의 상실감과 고향을 향한 애절한 그리움과 처량하고 고역스러운 일과가 어머니의 가슴에 날마다 새록새록 느껴진다. 멀리 있는 아들의 고생보다 그 아픔에 동참하는 어머니의 가슴앓이가 실제로 더 괴롭고 쓰라릴 수 있다. 이를 통해 우리는 구주께서 골고다 언덕에서 겪으신 고통을 조금이나마 엿볼 수 있다.

그분은 무한히 다 이해하시기에 인간과 하늘 아버지 사이를 갈라놓는 모든 것을 대신 감당하셨다. 주사위를 던지는 사람, 그분을 처형하는 사람, 창녀와 세리, 바리새인은 자신이 얼마나 길을 잃고 집에서 멀어진 존재인지를 모른다. 놀거나 도박하거나 꿈꾸느라 그것을 망각했다. 그러나 하나님의 아들은 그들에게 절실히 필요한 게 무엇인지 아신다. 그들을 사랑하시기에 더 똑똑히 보인다. 이렇듯 그분은 훤히 아시기에 그들을 위해 그리고 그들과 함께 모든 고통을 감당하신다.

우리 가운데 자신의 죄를 진정으로 감당하는 사람이 누가 있는가? 자신을 제대로 살펴 잘못된 삶과 욕심과 불안과 잔인한 모습을 사실대로 보고 인정하는 이가 누가 있는가? 아마 그랬다가는 만신창이가 되고 말 것이다. 그래서 대신 우리는 놀이나 꿈에 빠져 그 모두를 잊어버리고, 아주 엉성한 사람조차 써먹을 수 있는 고도의 기술로 그것을 억누른다.

하지만 하나님의 아들이 이 모든 것을 보신다. 형형한 눈빛으로 당신과 나를 영원토록 꿰뚫어 보신다. 우리가 보지 못하는 부분도 그분께는 보인다. 단번의 시선으로 그분은 지금까지 우리가 쌓은 모든 죄를 간파하시고, 인간이 얼마나 길을 잃고 거기서 헤어나지 못하는지를 읽어 내신다.

물론 남의 병을 척척 그러나 무심하게 진단하는 뛰어난 의사처럼은 아니다. 그렇다면 그분께는 아무런 고통도 따르지 않으리라. 그러나 그분은 마치 죽을병에 걸린 사랑하는 아들의 엑스레이 사진을 들여다보는 의사와 같으시다. 이 모두가 감당 못 할 짐처럼 그분의 가슴을 짓누르는 것이다. 정작 우리는 여간해서는 자기 병을 자각도 못 하건만, 그분은 우리를 사랑하시고 우리보다 우리를 더 잘 아시기에 기꺼이 대신 그 병을 짊어지신다.

"우리의 연약한 것을 친히 담당하시고 병을 짊어지셨도다"(마 8:17). 이 말씀이 어떤 의미며 골고다에서 무슨 일이 벌어졌는지 이제 보이지 않는가?

슬픔을 경험하시고 간고를 많이 겪으셨던 이 예수님만이 우리를 용서하실 수 있다(사 53:3). 이웃을 정말 용서하려면 문제 속으로 들어가야 한다. 입장을 바꾸어 생각하며 상대가 저지른 잘못의 피해를 받아들여야 한다. 마치 내가 잘못한 것처럼 말이다. "다 알아야 용서할 수 있다"라는 말은 순전히 허튼소리다. 사실은 정반대다. 용서해야 그때부터 상대가 이해된다. 어느새 상대의 입장이 고스란히 이해될 정도다. 나도 똑같이 행동할 수 있으며 내 마음속에도 똑같은 가능성이 도사리고 있음을 깨닫는 것이다.

우리가 하나님께 맞서고 예수님을 버리니 이 얼마나 서글픈 일이며, 그런데도 하나님의 아들은 문제 속으로 들어와 우리

그분은 마치 죽을병에 걸린 사랑하는 아들의

엑스레이 사진을 들여다보는 의사와 같으시다.

우리의 처지가 감당 못할 짐처럼 그분의 가슴을 짓누른다.

정작 우리는 여간해서는 자기 병을 자각도 못 하건만,

그분은 우리를 사랑하시고

우리보다 우리를 더 잘 아시기에

기꺼이 대신 그 병을 짊어지신다.

를 받아 주시니 이 얼마나 겸손하신 분인가! 그러므로 우리는 그분을 믿을 수 있다. 그분만이 우리 죄를 사하시고 우리를 새롭게 하실 수 있다.

평소에 우리는 자신과 같은 문제로 아파하는 이들을 신뢰한다. 예컨대 대부분 우리는 목사 중에서도 경험을 통해 고난을 배워 우리를 깊이 이해해 줄 만한 목사를 찾아간다. 똑똑하고 유능하고 심리학을 공부했어도 내 고민을 겪어 보지 못한 이들은 무심결에 피하게 된다. 전쟁 중에 군목의 설교가 받아들여지려면 후방에서 말로만 위로할 게 아니라 최전선을 순회해야 한다.

예수님은 골고다의 최전선에서 싸우신다. 인간으로 사셨기에 속속들이 인간을 아신다. 그분은 길 잃은 우리의 입장에 서시는 데 그치지 않고 아예 우리와 하나가 되셨다. 그러니 우리 대신 "나의 하나님, 나의 하나님, 어찌하여 나를 버리셨나이까"라고 애타게 부르짖으실 수밖에…….

이렇게 외치시는 그분은 우리의 온전한 형제시다. 게다가 그분은 모든 질병과 전쟁과 죽음의 고통을 아버지 앞에서 온몸으로 당해 내셨다. 뜨거운 대낮에 목이 타들어 가다가 끝끝내 아버지 하나님께 버림받으셨으니 그 고통이 오죽했겠는가! 고통과 더불어 숨 막힐 듯 극심한 불안까지 그분은 십자가와 함께 지고 가셨다. 닥쳐온 우환 속에서 하늘 아버지의 손길이 보이지 않을 때 우리가 겪는 불안이다.

솔직히 말해서, 의미만 확실하다면 최악의 일이라도 받아들이고 견딜 수 있지 않은가? 하나님의 더 깊은 뜻이 희미하게라도 보인다면 말이다. 그러나 의미도 모르고 아버지의 손길도 보이지 않을 때는 어둠이 우리를 온통 뒤덮는다. 이것까지 감당하지 않으셨다면 예수님은 우리의 형제이실 수 없다. 그리하여 그분은 "나의 하나님, 나의 하나님, 어찌하여 나를 버리셨나이까"라고 부르짖을 수밖에 없는 고통과 고뇌의 밑바닥까지 내려가셨다. 마치 이런 말씀이나 같다. "아버지가 조금이라도 보이고 손끝 하나라도 느껴진다면 어떤 고독과 고뇌와 상심도 다 견딜 수 있나이다. 그런데 지금은 아버지의 시선과 손길이 저를 떠났나이다." 그야말로 지옥의 고통이다.

지크마링겐 지역에 〈그분은 보신다〉(One Must Watch)라는 제목의 그리스도 성화가 있는데, 작가 만프레드 하우스만(Manfred Hausmann)은 그 그림을 소환해 하나님의 아들이 우리 대신 당하신 고통을 서술했다. 그림 속 인물 제자 요한은 그리스도의 품에 기대어 잠들어 있다. 그가 편히 자고 쉬는 동안 그리스도는 전지하신 눈으로 세상을 보신다.

그 눈빛 속에 세상의 모든 슬픔이 담겨 있다. 우리 삶의 깊은 구석에 덮여 있는 온갖 더러운 오물과 치부를 그분은 빠짐없이 다 보신다. 고통과 불안에 시달리는 이들의 애타는 부르짖음을 들으신다. 동물 세계의 고통도 다 보신다. 볕이 잘 드는 아름다운

계곡에서 아무도 모르게 새어 나오는 아주 작은 신음 소리도 들으신다. 우리가 잠자거나 무심히 꿈꾸는 동안 그분은 다 보신다. 다 보고 마음에 새기신다.

이 모두가 골고다에서 태산만 한 짐으로 뭉쳐져 그분의 마음을 짓누른다. 그 마음은 무디지 않은 사랑하는 마음이고, 짐도 그분의 마음을 짓누르는 정도가 아니라 아예 마음을 뚫고 들어가 가득 채우고 찢어 놓는다. "우리의 연약한 것을 친히 담당하시고 병을 짊어지셨도다"(마 8:17).

"나의 하나님, 나의 하나님, 어찌하여 나를 버리셨나이까."

우리가 섰어야 할 자리에 그분이 대신 서셨다. 이것이 무슨 의미인지 느껴지지 않는가?

하지만 이 모든 연대에도 불구하고 그분은 군계일학처럼 우리 모든 인간과 다르시다. 마치 알프스산의 정상처럼 구름 위로 우뚝 솟으신 분이다. 그 구름에 그분의 비밀이 가려지고 우리는 평지를 벗어나지 못한다. "나의 하나님, 나의 하나님, 어찌하여 나를 버리셨나이까"라는 외침도 그분의 입에서 나오면 얼마나 다른 말인가? 절망 중에 우리가 내뱉는 "하나님은 어디 계신 거야?", "하나님이 어떻게 이러실 수 있어?", "이건 다 운명이나 환영이나 우연이야" 같은 말과는 또 얼마나 다른가?

인간은 세상을 향해 말을 한다. 자신의 절망을 알아줄 증인이 필요해서다. 그러나 그분은 다른 누가 아닌 하늘 아버지께 말쓸하셨다. 십자가 주위에서 입을 떡 벌리고 서 있는 이들에게 이렇게 말씀하신 게 아니다. "내 아버지가 나를 버리셨으니 나는 이제 망했다. 하늘에 내 아버지는 없다. 그동안 내가 너희를 완전히 잘못 가르쳤다."

그분은 오직 아버지 하나님께 "나의 하나님, 나의 하나님, 어찌하여 나를 버리셨나이까"라고 부르짖으셨다. 자기를 버리신 듯한 분을 부르시고, 듣지 않으시는 듯한 분께 말씀하시고, 존재하지 않으시는 듯한 분을 의지하신 것이다.

하나님이 사라지신 것 같고 더 이상 고통의 의미가 보이지 않을 때, 자신을 버리셨다고 그분께 당당히 따질 사람이 누가 있겠는가? 그런데 예수님이 그리하셨다. 그분은 하나님의 보이지 않는 손을 벗어나 지옥으로 떨어지지 않으시고, 하나님의 손안으로 떨어지셨다. 그래서 하나님의 신비에 부합하는 배후 논리에 따라 결국 "아버지 내 영혼을 아버지 손에 부탁하나이다"라고 말씀하실 수 있었다(눅 23:46).

다시, 하나님의 손이다. 그 손은 꼭 알맞은 때에 제자리에 있었다. 돌아보면 절로 이런 생각이 든다. '과연 하나님이 손을 거두신 적이 있었던가? 그 손은 늘 예수님을 감싸며 그분 위에 머물러 복을 베푸시지 않았던가?'

문제는 우리가 하나님에 대해 삼인칭으로 말할 때가 너무 많다는 것이다. 우리는 종교, 하나님, 삶의 의미, 철학 등의 문제를 논한다. 오늘만 살 것처럼 피상적인 삶에 만족하지 않고 제대로 살려 할 때 더욱 그런 현상이 두드러진다. 하지만 이 모든 논의와 고찰에서 하나님은 우리의 대화 상대가 아닌 그저 하나의 '논제'에 불과하다. 이런 종교적, 철학적 관심만으로는 완전히 헛다리를 짚을 수밖에 없다. 결코 온전한 평안을 얻지 못한다.

성경에 하나님이 처음으로 삼인칭으로 지칭된 곳은 타락 이야기다. "하나님이 참으로 …… 먹지 말라 하시더냐"(창 3:1). 뱀이 한 말이다. 하나님을 삼인칭으로만 부르며 종교 문제만을 논한다면 우리도 아주 멀고 깊은 늪에 빠진 채 말하는 것이다. 다시 말하지만 하나님에 대한 논의를 처음 꺼낸 것은 다름 아닌 마귀였다. 이는 진지하게 생각해 볼 문제다.

십자가에서 한없이 낮아져 음부에까지 내려가신 예수님은 아버지를 "나의 하나님, 나의 하나님"이라 부르며 이인칭으로 말씀하신다. 그런 그분을 아버지는 즉시 들어 올려 품에 안으신다. 이 또한 생각해 볼 문제다.

로마의 십자가에서 처형되신 그분이 완전히 승리하여 왕관을 쓰고 위엄을 입으신 것은 하나님을 이인칭으로 대하셨기 때문이다. 버림받아 철저히 낮아지셨을 때 "나의 아버지"를 부르셨기에 하나님께로 높이 들리신 것이다. 그분은 자신의 아버지 하나님을 끝까지 놓지 않으셨다. 누구든 이렇게 하는 사람을 하늘 아버지는 외면하지 않으신다. 골고다에 부활의 서광이 밝아 온 것도 그래서다.

요컨대 골고다 언덕에서 우리가 선포해야 할 메시지는 이것이다. "거기서 십자가에 달리신 그분께 우리는 우리의 모든 부담과 염려, 미래에 대한 불안과 두려움, 죄책감, 망가진 가정, 삶의 온갖 실패를 내려놓을 수 있다. 거기서 십자가에 달리신 그분이 우리가 감당하지 못하는 짐을 다 지셨고, 그분은 우리가 알 수 없는 것까지 다 아신다. 거기서 십자가에 달리신 그분이 기도로 휘장을 찢으사 우리가 아버지 품으로 다시 나아갈 길을 여셨다."

양심의 쓰라린 공격과 비난 앞에서 어찌할 바를 모를 때, 질병과 근심에 짓눌릴 때, 사람에게 버림받을 때, 하나님의 손길이나 그분의 더 깊은 뜻이 보이지 않을 때, 이제 나도 구주께서 마지막 고뇌 속에서 죽어 가며 외치신 말씀을 담대히 그대로 따라 할 수 있다.

"나의 하나님, 나의 하나님, 어찌하여 나를 버리셨나이까."

이렇게 부르짖을 때 그분의 영원한 손에 기꺼이 나를 부탁할 수 있으며, 나아가 그 손에서 모든 것을 받을 수 있다. 천사들도 와서 이런 나를 위로하고 인도한다.

길이 열렸다. 그분이 앞서가셨다. 그래서 성금요일 밤은 이미 부활의 기쁨으로 충만하다. 그것은 오직 이 밤에 오직 해골의 곳, 골고다에서만 가능하다.

주는 몸의 머리시요, 나는 그 지체라.
나는 영원히 주를 따르리.
주 가시는 곳이면
어디든 함께 가리.
세상 죄와 슬픔 너머
사망의 골짜기 지나
저 음부 끝까지라도
나는 언제나 주를 따르리.

이렇게 찬송할 수 있으려면 먼저 골고다로 나아가 내 슬픔을
아시는 그분께 이렇게 아뢰어야 한다.
"주님 앞에 왔사오니 저를 외면하지 마소서."

9.   사나 죽으나 우리의 유일한 위안,

다시 사신 예수

부활절의 참뜻

안식일이 지나매 막달라 마리아와
야고보의 어머니 마리아와 또 살로메가 가서
예수께 바르기 위하여 향품을 사다 두었다가

안식 후 첫날 매우 일찍이 해 돋을 때에
그 무덤으로 가며 서로 말하되
누가 우리를 위하여 무덤 문에서 돌을 굴려 주리요 하더니
눈을 들어본즉 벌써 돌이 굴려져 있는데
그 돌이 심히 크더라

무덤에 들어가서
흰 옷을 입은 한 청년이 우편에 앉은 것을 보고 놀라매
청년이 이르되 놀라지 말라
너희가 십자가에 못 박히신 나사렛 예수를 찾는구나
그가 살아나셨고 여기 계시지 아니하니라
보라 그를 두었던 곳이니라
가서 그의 제자들과 베드로에게 이르기를
예수께서 너희보다 먼저 갈릴리로 가시나니
전에 너희에게 말씀하신 대로

너희가 거기서 뵈오리라 하라 하는지라

여자들이 몹시 놀라 떨며 나와 무덤에서 도망하고
무서워하여 아무에게 아무 말도 하지 못하더라.

마가복음 16장 1-8절

가장 신기하고도 놀라운 현상이 있다. 서로 반목하며 싸우는 민족까지 포함해 수많은 남녀노소가 모여 오늘, 이 부활절에 옛 역사를 읽고 듣는다는 사실이다. 그 역사에 따르면, 약 2,000년 전에 나사렛 출신의 예수라는 인간이 죽은 자 가운데서 살아났다.

　매일같이 신문 헤드라인을 읽고 매시간 미디어로 현대의 눈부신 발전상을 접하는 이들이 여전히 부활절 이야기를 들을 시간과 여력이 있다니 이 얼마나 놀라운 일인가. 시간과 여력만 있는 정도가 아니라 우리는 이 이야기를 통해 우리가 "영원"에 이른다고 고백한다. 삶을 견디고 고통과 죽음에까지 당당히 맞설 힘을 얻는 것이다.

　특히 놀라운 건 우리가 부활절 이야기를 한낱 고대 역사로 보지 않고 모든 인류의 삶에 침투하여 변화를 낳는 중대하고 결정적인 사건으로 본다는 것이다. 그래서 우리도 바울처럼, 만일 그리스도께서 다시 살아나지 않으셨다면 우리야말로 속아서 망상에 빠진 가장 불쌍한 사람일 거라고 고백한다. 수많은 사람에게 "사나 죽으나 유일한 위안"이신 예수님의 위대한 삶이 결국 죽음으로 끝났을 테니 말이다.

그러면 "나의 하나님, 나의 하나님, 어찌하여 나를 버리셨나이까"라는 십자가 위에서의 기도는 허공에 울려 퍼지는 마지막 파탄의 절규가 되어 골고다의 밤을 뒤덮었을 테고, 인간은 대대로 희망 없이 어두운 밤 속을 더듬으며 헤맸을 것이다. 형제들을 위해 죽음과 마귀와 고난과 운명에 맞서신 그분의 위대한 실험은 실패로 돌아갔을 것이다. 또한 그분의 모험은 아마도 우리에게 성금요일의 말없는 슬픔으로만 기억되었으리라. 그러면 많은 사람이 그분을 구주라 부르는 것도 가장 비참하게 속은 결과에 지나지 않게 된다.

아닌 게 아니라 정말로 이 이야기의 위상은 한낱 고대 역사의 차원을 넘어선다. 이 부활 이야기는 우리 모두의 삶과 관계되는 결정적 말씀이다.

만일 난공불락인 사망의 벽이 예수 그리스도의 부활을 통해 무너졌다면, 이 이야기는 더 이상 박물관의 전시품일 수 없다. 그것이 일거에 내 삶을 바꾸어 놓는다. 이제 예수 그리스도는 살아계신 주님이다. 나는 언제든 그분과 교제할 수 있다. 그분이 내게 말씀하시고 나도 기도로 그분께 아뢴다.

이제 우리는 하나님을 기억 속에서만 떠올리며 섬기지 않는다. 그분이 우리 가운데 계시며 우리 한 사람 한 사람을 보신다. 우리 도시의 폐허와 잔해는 더 이상 과거의 거대한 매장지에 쌓여 있는 흙무더기가 아니다. 하늘과 땅의 모든 권세를 받으신 그분이 오늘 그 폐허를 딛고 다니신다. 그분의 입김에서 나오는 사나운 풍랑이 땅을 멸하기도 하지만, 그분이 능하신 팔로 한순간에 풍랑을 잠잠하게 하시기도 한다. 극악무도한 마귀의 손아귀에서 우리를 건져 내 지키고 위로하시는 그분은 신실하시다.

그분이 다시 살아나셨다면 이 모두가 사실이다. 주님이 정말 살아 계시므로 우리는 어떤 상황에서든 그분을 의지할 수 있다.

그분의 부활은 기록된 지 오래지만, 이렇듯 우리 삶과 떼려야 뗄 수 없이 직결된다. 우리에게 참으로 가슴 벅찬 현실이 된다. 마치 내 사형 선고와 영생 상속권 중 어느 하나를 적시한 문서와 같다. 워낙 위력적인 이야기라서 그 한 페이지에 내 일생의 운명이 담겨 있다. 그야말로 생사가 걸린 문제다.

세상은 그야말로 덧없어 오늘 밤 멸망할 수도 있다. 이 피눈물의 세상에서 우리가 갈 곳은 어디인가? 골고다 옆의 빈 무덤 말고 우리가 어디로 가겠는가? 자연으로? 마침 자연은 새봄의 부활을 노래하고 있고, 언론도 '소생'을 우리의 유일한 희망으로 날마다 내세운다. 알다시피 소생하는 새싹과 꽃의 생기를 보고 있노라면 누구나 기운이 나고 즐거워진다.

하지만 자연은 우리를 실존의 난제에서 해방시킬 수 없다. 오히려 더 외롭고 쓸쓸하게 그 속으로 우리를 떠밀 뿐이다. 흐드러지게 핀 봄꽃을 보면서도 문득 이 모두가 소멸될 가을이 느껴진다. 건장한 청년을 보면서도 때로 '혈기왕성하다고 자랑해도 다 일장춘몽(一場春夢)인 것을'이라는 생각이 든다. 순수한 자연의 평화를 생각할 때도 인간의 폭력과 세상의 서글픈 절망이 겹쳐져 갑절로 괴로움에 시달린다. 작년에 나도 보덴호에서 수영하던 중에 그것을 더할 나위 없이 실감했다. 함부르크가 초토화되었다는 공식 뉴스가 확성기로 발표된 것이다. 그러니 골고다 옆의 빈 무덤 말고 우리가 어디로 간단 말인가?

그렇다면 과연 어떻게 해야 부활 신앙을 얻을 수 있을까? 어떻게 하면 우리 삶에 해방의 말씀이 들려와 우리의 무거운 돌을 굴려 내 줄까?

성경은 형언할 수 없는 사건을 묘사할 때 신중하게 에둘러 표현하곤 하는데, 부활 기사가 좋은 예다. 분명히 예수님의 부활을 경기 불황이나 역사의 평범한 사건을 말하듯 기술할 수는 없다. 무덤에서 벌어진 일은 온통 희미한 신비에 가려져 있다. 성경에는 그분이 정확히 어떻게 부활하셨는지 그 장면을 구체적으로 그리지 않았다. 신비의 베일을 애써 벗기려는 성경 기자의 선정주의나 호기심 같은 건 없다. 다만, 그분을 따르던 여자들과 제자들이 이 엄청난 사건에 어떻게 반응했고 그로 인해 어떻게 달라졌는지만 기록되어 있다.

구주의 무덤에 여자들이 먼저 간 것은 우연이 아니다. 남자들은 지독한 실망과 환멸에 빠져 생채기 난 동물처럼 숨어 있었다. 괴로울 만도 했다. 그리스도 중심의 세계관이 완전히 무너졌으니 말이다. 골고다에서 그들은 현실에 한 방 얻어맞고 나가떨어진 셈이다. 어째서 그들은 그분이 우리 모두와는 다르다고 생각했을까? 어째서 죄와 죽음이 그분께만은 해당하지 않으며 그분이 죽으실 일은 없다고 생각했을까?

물론 죽음 자체가 수모나 불명예는 아니다. 사람은 누구나 죽는다. 소크라테스처럼 사상을 위해 죽으면 명예롭기까지 하다. 그러나 그분의 죽음은 사상을 위한 것이라 해도 엄청난 재난이다. 그분은 결코 한낱 인간이 아니시기 때문이다. 또한 그분은 하나님이 사랑이시고, 우리 삶에 더 깊은 뜻이 있으며, 하나님 나라가 임할 거라는 새로운 가르침만 남기신 선생만도 아니다. 나사렛 예수가 새로운 가르침들만 남겼다면 그분의 죽음은 슬플지언정 재난은 아니다. 소크라테스나 플라톤의 경우처럼 그분이 세상을 떠나신 뒤에도 가르침은 남을 테니 말이다.

하지만 예수님은 소크라테스나 플라톤과는 차원이 다르신 분이다. 그분은 단지 하나님과 인간이 화해하여 다시 교제할 수 있는 방법을 가르치신 게 아니라 하나님과 인간 사이의 간극을 자신의 권위로 메울 수 있다고 단언하셨다. 하나님을 대적하여 고통과 불의로 병든 세상을 자신이 회복하실 수 있고, 무서운 죽음의 세력을 자신이 거뜬히 무너뜨리실 수 있다고 주장하셨다.

그런 그분이 죽음에 패하신다면 그야말로 재난이다. 하나님이시라는 그분의 생명을 인간의 악한 손이 무덤에 던져 넣을 수 있다면 말이다.

실제로 그런 것처럼 보였다. 그래서 남자들은 구석에서 몸을 사리고 있었고 여자들만 고인을 애도하고 기리고자 무덤에 갔다. 여자들의 심정은 성금요일에 교회에 나오는 이들과 비슷했다. 비록 세상을 떠나셨으나 한동안 우리 삶 속에 빛과 위로를 주신 고귀하신 그분을 우리는 잊을 수 없다. 그분 덕분에 잠시나마 순진한 아이처럼 하늘 아버지와 사랑의 구주를 꿈꿀 수 있었다.

당시 여자들 가운데 그 누구도 정말 그분이 살아나셨다고 믿지 않았다. 그들은 그저 "누가 우리를 위하여 무덤 문에서 돌을 굴려 주리요"라는 생각뿐이었다(막 16:3). 죽은 자 가운데서 죽은 자를 찾은 셈이다. 그분이 살아나셨다는 말을 들은 그들은 마음이 전혀 준비되어 있지 않아 마냥 두려워하며 떨었다. 공포와 충격에 빠져 황망히 도망쳤고 아무에게도 말하지 못했다.

정확히 무슨 일이 어떻게 벌어졌는지는 모른다. 부활 사건은 신비의 베일에 싸여 침묵의 세계에 놓여 있다. 우리가 아는 거라고는 그 전후에 벌어진 일뿐이다. 예수님의 부활 사건 전에는 절망과 우울에 빠져 있던 제자들이 부활 사건 이후에는 새로운 믿음에 사로잡혔다. 알다시피 조금 전까지만 해도 당연한 극한의 절망과 지독한 의심뿐이었는데 갑자기 지옥 권세가 이기지 못할 교회가 태동했다. 2,000년이 지난 지금도 그 교회가 우리를 두르고 있고, 마침내는 종말의 세대와 연합할 것이다.

이 내용이 이해되는 이들도 있겠지만 나는 이해할 수 없다. 그럼에도 불구하고 그 일은 일어났고 지금도 일어나고 있다.

다만 뒤따르는 의문이 있다. "구주께서 살아 계심을 오늘 우리는 어떻게 확신할 수 있을까? 말로만 전해 듣는 우리는 당시 현장에 있던 이들과는 좀 다르지 않을까?" 극작가이자 평론가인 고트홀트 레싱(Gotthold Ephraim Lessing)은 그렇게 보았다. 부활 사건과 2,000년이나 차이가 나는 세대의 체념이 그의 말에 묻어난다. 역사 기록에 대한 확신이 없으니 말이다.

그러므로 의문의 관건은 이것이다. "우리는 어떻게 예수님이 부활하셨다는 확신에 이를 수 있을까?"

죽음보다 강해서 우리에게 사나 죽으나 유일한 위안이 되어 줄 이 확신이 단순히 역사 기록에 근거한 것일 리 만무하다. 부활절 기사가 틀림없는 사실이듯 역사 기록 또한 사실이라 해도 말이다. 우리의 신앙이 기존 역사학의 수준이나 방식에 달려 있다는 생각은 그 위안을 예수 그리스도 안에서 얻을 수 있고 실제로 얻었다고 생각하는 우리 모두에게 가히 용납되기 어렵다.

부활절 기사가 이와 같이 가르쳐 준다. 우선 예수님이 친히 부활 문제를 어떻게 다루시는지 부자와 나사로 비유에서 살펴보자. 지옥에 간 부자는 아직 살아 있는 자기 형제들도 자기처럼 분별없이 살다가 똑같은 운명에 처할 수 있음을 깨닫는다. 충격 요법으로 그들을 파멸의 길에서 벗어나게 하려는 생각에 그는 아브라함에게 청하여 그들에게 지옥의 고통에 대한 메시지를 전해 달라고 한다. 그러나 아브라함은 이미 그들에게는 모세와 선지자들 즉 하나님의 말씀이 있다고 답한다. 그것으로 충분하다는 것이다. 말씀을 믿지 않는다면 그들은 죽은 사람이 살아난다 해도 믿지 않을 것이다.

부활절 아침의 제자들에 대해서도 똑같이 말할 수 있다. 예수님의 말씀을 믿지 않았다면 그들도 그분이 죽은 자 가운데서 다시 살아나셨음을 결코 믿지 못했을 것이다. 갖가지 다른 설명을 내놓았을 것이다. 예컨대 그분의 시신을 누군가 치웠거나 훔쳐 갔다는 식으로 말이다. 자고로 기적을 보고 믿음에 이른 사람은 없다. 기적은 늘 얼마든지 다르게 해석될 수 있기 때문이다.

제자들은 빈 무덤을 보고 믿은 게 아니다. 생각지 못한 전혀 다른 일이 벌어졌다. 빈 무덤 앞에서 천사의 말을 듣고 나서 그들의 눈에서 비늘이 벗겨졌다. 예수님의 모든 말씀과 행적이 증언해 주는 진실을 예수님이 부활하신 날 그 빛 가운데서 문득 깨달은 것이다. 바로 죽음이 그분을 붙잡아 둘 수 없다는 것이다. 이렇듯 그들은 그분의 말씀과 행적을 다시 생각해야 했다.

세상의 운명에 지배당하지 않으시는 그분만이 "네 죄 사함을 받았느니라"라는 말씀으로 정말 상대를 새사람으로 일으켜 보내실 수 있다(눅 5:20; 7:48). 운명은 그분께 부딪쳐 깨졌다. 죽음보다 강하신 그분만이 "청년아 내가 네게 말하노니 일어나라"라는 말씀으로 정말 죽은 아들의 몸을 살려 내, 슬퍼하는 어머니에게 돌려주실 수 있다(눅 7:14). 하나님과 화목하게 교제하며 사신 그분만이 "그리하면 너희 마음이 쉼을 얻으리니"라는 말씀으로 정말 우리를 길동무로 부르실 수 있다(마 11:29).

죽음을 포함해 그 무엇도 예수님과 아버지 하나님 사이의 교제를 막거나 끊을 수 없다. 우리의 형제 되신 그리스도께서 친히 수고와 슬픔을 함께 겪으시되 생명의 양식이 따로 있어서 그분의 몸에서 다함없는 생수가 흘러나왔다. 그래서 "수고하고 무거운 짐 진 자들아 다 내게로 오라"라는 말씀은 그분만이 하실 수 있다(마 11:28).

이 모두를 제자들은 예수님이 부활하신 그날 그 빛 가운데서 불현듯 깨달았다. 이 땅을 두루 다니며 치유와 도움과 용서와 새 출발의 은혜를 베푸신 구주의 일생이 그들 앞에 새롭게 열린 것이다. 마치 그분의 가장 깊은 비밀을 여는 열쇠가 그들 손에 쥐어진 것 같았다. 알고 보니, 그들은 그분이 이 땅에 계실 때 매일 함께 살면서도 그분을 제대로 몰랐다. 물론 그분 곁에서 마음이 뜨거웠고 그분이 비범한 거룩으로 느껴졌지만, 이제야 비로소 그때 동행하신 그분이 누구신지 제대로 깨달은 것이다.

수수께끼 같던 그분의 말씀에 빛이 비치고 그분 위로 하늘이 열렸다. 지금까지 그들은 그분을 가장 위대한 인간 정도로 알았지만, 사실 그분은 영원하신 아버지 하나님께로부터 와서 한동안 그들의 일상으로 들어오신 절대타자셨다.

그래서 그분과 교제하며 동고동락한 그들만이 부활하신 그분을 목격한 것은 놀랄 일이 아니다. 이미 그분께 보고 들은 것과 부활의 날 아침에 새로 깨달은 장엄한 진리가 유익하게 합해지는 일은 그들에게만 가능하다. 바로 그 융합에서 믿음의 불씨가 확 당겨져 대대로 살아 계신 그리스도의 빛으로 타올랐고, 음침한 골짜기나 우리의 순례길을 하나님의 등불로 훤히 밝혀 준다.

예수님의 부활은 믿음으로만 보이는 사실이고, 이는 부활절 이야기의 심오한 결정적 요소다. 빈 무덤 앞의 제자들도 그 신비를 직접 볼 수는 없었고 천사를 통해 주신 말씀을 믿어야 했다. 그렇다. 말씀이다! 오직 모세와 선지자들로 만족하고 말씀을 믿었기에 그들에게 그분이 죽은 자 가운데서 살아나셨다는 신비가 계시된 것이다.

예수님의 부활은 믿음 앞에서만 계시된다는 점에서 '마지막 날의 그분의 다시 오심'과 다르다. 분명히 부활은 예수님과 그분의 말씀에 매료되어 그분과 함께 살기로 결단하고 무조건 그분께 헌신하는 이들만의 몫이다. 그렇지 않은 이들은 그분을 그냥 지나칠 수 있다. 골고다의 유혈극과 사흘째에 이루어진 하나님의 기적을 없던 것으로 할 수 있다. 아예 그런 일이 발생하지 않은 것처럼, 세상에 신문, 라디오, 전쟁과 평화, 출생과 죽음만 있고 그 부활의 순간은 없었던 것처럼 행동할 수 있다.

그러나 세속 인간의 그 헛된 꿈이 꺾일 날이 온다. "그 날"이 오면 증오로 들끓던 두 눈은 그분을 똑바로 바라봐야 한다. 움켜쥐고 그분을 대적하던 주먹은 펴져 그분을 예배하고, 제멋대로 뻗대던 무릎은 그분 앞에 꿇어 엎드리게 된다. 그 순간 믿음은 자신이 믿은 것을, 불신은 자신이 믿지 않은 것을 눈으로 본다.

그래서 우리 앞에 남는 질문은 이것이다. "우리는 사망의 모든 세력을 다스리시는 왕께 선뜻 헌신하고 목숨을 맡길 것인가?"

그래야만 그분의 부활을 확신할 수 있다. 그래야만 죽음에 대한 두려움과 죽음 자체를 이길 수 있다. 요컨대 우리는 예수님과 인격적인 관계를 맺어야 한다.

많은 사람이 말하는 부활절이란 삶이 늘 죽음을 이긴다는 상징이다. 그래서 그들은 부활절을 봄에 빗댄다. 봄날에 자연이 즐겁게 부활하여 당당히 불후의 생명력을 뽐낸다는 것이다.

그러나 이는 완전히 잘못된 생각이다. 자연에 부활은 없다. 만물은 잠시 피었다 시드는 풀과 같다. 모든 봄에는 가을이, 모든 출생에는 죽음이 담겨 있다. 둘 중 어느 쪽을 강조할 것이냐는 순전히 각자의 기분이나 기질 나름이다.

이거야말로 오늘 우리가 실감하는 엄연한 현실 아닌가? 그동안 엄청난 일을 겪으며 우리가 똑똑히 알게 되었듯이, 우리 곁에서 끌려간 사랑하는 이들은 새봄이 와도 돌아오거나 살아나지 않는다. 아무리 세간을 갈아 치워도 이미 쑥대밭으로 변한 집에 예전의 정취와 추억이 돋아날 리 없다.

삶이 죽음을 이긴다는 말은 터무니없는 말이며 개인의 삶이라고 크게 다를 바 없다. 이쯤 되면 괴테의 명언이 사실이다. 한때 우리 곁에 머물렀으나 다시는 돌아오지 않을 많은 귀한 것과 사람에 대해 그는 이렇게 말했다. "지나간 것은 돌아올 수 없지만 곱게 지면 잔광(해가 질 무렵의 약한 햇빛)이 오래 남는다." 인간의 관점에서만 보자면 우리에게 남는 것은 잔광뿐이다.

그러나 가혹한 현실일지라도, 자신이 반드시 죽을 수밖에 없는 존재임을 받아들일 때 비로소 예수님의 부활 사건이 무엇을 말해 주는지 깨달을 수 있다. 충격이다 못해 처음에는 두려울 정도다. 그것은 바로 예수 그리스도께서 죽음을 이기셨으며, 그분 안에서 그분과 교제하며 사는 이들은 죽음을 맛보지 않는다는 것이다.

복음은 간단히 이렇게 정리할 수 있다. "가장 깊은 차원에서 예수 그리스도는 우리 인간의 운명을 그분 자신의 운명과 연합하신다."

양방향 모두 그렇다. 우선 그분은 척박하기 짝이 없는 우리 삶을 친히 짊어지신다. 우리처럼 유혹을 받으시고 우리 죄를 기꺼이 담당하신다. 우리 대신 외롭게 지신 십자가에서 인간에게는 물론 하나님께도 버림받으신다.

그 반대도 여지없이 사실이다. 그분은 우리를 자신의 삶 속으로 들어 올리신다. 그분은 아버지와 영원히 교제하며 사시기에 우리를 형제로 삼아 그분과 아버지의 교제 속으로 이끄신다. 죽음을 완전히 이기셨기에 우리를 형제이자 길동무로 삼아 사망이라는 어두운 밤을 지나 낙원으로 데려가신다. "지체를 두시고 머리만 가실까", "여전히 주 따르겠네" 같은 우리가 즐겨 부르는 부활절 찬송 가사처럼……

죽음이 두려울 수 있다. 돌이킬 수 없는 영원한 이별을 생각하면 나 역시 몸서리가 쳐진다. 사망이라는 무서운 밤을 생각하면 이루 다 말할 수 없이 불안해진다. 하지만 이제는 내가 죽을 때 나와 동행하실 분이 계신다. 그분이 저편에서 나를 기다리신다.

앞날이 두려울 수 있다. 나는 유럽에서 또 어떤 참변이 터질지, 동양에 또 어떤 전운이 감돌지 두렵다. 주변의 파괴된 도시에서 화염과 재난의 악취가 풍겨 오면 공포가 극에 달한다. 하지만 여기 참된 안식이 있다. 작가 고르히 포크(Gorch Fock)의 표현처럼, 이 불안한 세상의 바다와 대륙과 산맥은 구주의 손안에 든 물 한 줌이나 옥수수 한 톨에 불과하다. 그 손은 이미 승리하신 그분의 손이다. 모든 인간의 손이 축 늘어져 망할 그날에 이 땅 위에 마지막으로 뻗으실 손이다. 무덤을 열고 죽은 해골을 자신께로 부르실 위엄의 손이다.

그러므로 부활 신앙은 그저 신비의 내세에 대한 호기심을 채

우려고 위를 바라보는 게 아니다. 부활을 믿음으로써 생명의 주 예수께서 우리를 현 시각의 삶으로 부르신다. "하나님과 화목하고 내게서 새 생명을 받으라. 네 옛 사람일랑 내가 묻혔던 무덤에 묻으라. 지금은 은혜받을 만한 때다. 지금 내 품이 네게 열려 있으니 지금 나와 동행하자."

오늘 밤 하나님이 당신의 영혼을 도로 찾으실 수도 있다(눅 12:20). 누가 아는가? 그러니 부디 당신의 영혼이 선하신 그분의 손안에 있도록 항상 깨어 있으라. 그 손은 파도를 잠잠하게 하며 무덤을 열고 상처를 싸매고 죄를 사하시는 손이다. 그러면 어둠의 세력이 구주께서 당신을 빙 둘러 치신 울타리를 감히 넘어오지 못한다. 당신이 누운 차갑고 딱딱한 관은 안락한 소파로 변해 부활의 아침이 밝아 올 때 당신은 거기서 깨어난다. 고향이든, 바다든, 먼 타국이든 당신이 묻힌 매장지는 잠시 잠자는 장소에 불과하다. 당신은 하나님이 심으신 영원한 씨가 되어 마지막 추수 때에 영근다. 그래서 하나님 나라에서 큰 자가 되어 이렇게 당당히 부활을 고백한다.

"그러므로 내가 죽어(이제 내게 죽음은 없지만) 누군가 내 해골을 보거든 해골이 전하는 이 말을 듣기 바란다.

나는 눈이 없으나 그분을 보노라.

이해할 뇌가 없으나 그분을 아노라.

입술이 없으나 그분께 입 맞추노라.

혀가 없으나 그분을 찬양하노라.
그분의 이름을 부르는 모든 이와 함께 노래하노라.
나는 딱딱한 해골이지만 그분의 사랑에 사르르 녹았노라.
저기 바깥 교회 묘지에 누워 있지만 낙원 안에 있노라.
우리를 위해 십자가를 지고 골고다로 가신
그분의 큰 사랑으로 인해 모든 고난이 잊혔노라."

10. 성령의 조명하심으로 들어서는
영광의 세계

성령강림절의 참뜻

소위 보통 사람(아주 애매한 구성 개념이다)은 대개 오순절을 기독교의 모든 절기 중 가장 불가사의한 절기로 여긴다. 전혀 감이 잡히지 않는 것이다. 성탄절과 성금요일과 부활절은 막연하지 않다. 아기가 태어나고, 훌륭한 인물이 십자가에서 죽임당하고, 죽은 사람이 다시 눈앞에 나타난다. 그러나 오순절은 아주 막연하다.

    상상도 못 할 전대미문의 사건을 통해 "불의 혀처럼 갈라지는 것들"이 제자들 머리 위에 임했고(행 2:3), 창세기 시대에 이미 혼잡해진 언어를 이전으로 다시 되돌리며 모든 언어 장벽이 기적처럼 허물어졌다. 이 자체가 너무 환상적이라 상상으로도 도무지 따라가기 힘들다. 사진으로 담을 수 없는 사건임을 누구나 대번에 알 수 있다. 불의 은유 때문에 신비하다는 인상이 더 짙어지는데, 이는 형언할 수 없는 것을 나타내려는 표현임이 분명하다. 말을 더듬는 듯한 문장에 담아내려 한 실체가 있는데, 거기에 근접한 이미지는 오로지 하나님 자신밖에 없다.

    오순절은 정말 신비한 사건이다. 이 사건은 실재(reality)의 영역이 있으며, 하나님과 관계된 것은 다 그곳에 속해 있음을 말해 준다. 그런데 우리 앞에 그 문이 열려 있으나 우리 마음대로 들어갈 수는 없다. 산수 영역에는 약간의 지능만 있으면 마음대로 들어갈 수 있다. 2+2=4인 것은 굳이 학교에서 배우지 않아도 금방 알 수 있다. 날씨의 신비, 정원에서 자라는 화초의 신비도 충분히 이해할 만하다. 일반 정원사가 아는 식물의 나고 자람이 전문가가 연구하는 염색체 순서의 영향을 받긴 하지만 말이다.

그러나 삶의 인격적 측면에 대한 지식은 사뭇 신비롭다. 모정(母情)이 무엇인지 우리는 어떻게 알 수 있는가? 정체불명의 인물 카스파 하우저(Kaspar Hauser)처럼 따뜻한 모정을 받아 본 적 없는 안타까운 사례를 생각해 보라. 그런 사람은 모정에 대해 뭐라고 말할까? 실로 단편적인 관찰에서 나온 판단에 그칠 수밖에 없다.

예컨대 그가 본 어떤 어머니는 병든 새끼를 버리는 많은 동물과 달리 불치병에 걸린 자녀를 버리지 않고 끝까지 사랑과 희생으로 돌보았고, 반항하는 어린 자녀나 엇나가는 성인 자녀를 용서하고 계속 사랑해 주는 어머니도 있다. 하지만 그렇다고 해서 이런 사랑 속으로 그가 실제로 들어갈 수는 없다. 그에게 모정이란 비밀문서에 적힌 활자에 불과하다. 글자를 읽기만 할 뿐 그 의미를 진정으로 이해할 수는 없는 것이다.

이렇듯 산수 원리를 아는 것과 같은 방식으로는 모정에 관해 조금도 알 수 없다. 모정이 무엇인지 알려면 일정한 조건이 갖추어져야 한다. 어머니가 있어야 하고 어머니에게 사랑받아야 한다. 그 상태로 살 때 살아 있는 지식을 얻을 수 있다.

하나님에 관해서도 마찬가지다. 그분에 관해 우리는 끝없이 말하고 또 논쟁할 수 있다. 고아가 모정의 실체 속으로 들어가지 못한 채 모정의 징후만 거론할 수 있듯이 말이다. 하지만 하늘 아버지에 관해 제대로 말하려면 우리가 그분의 자녀라야만 하고, 예수 그리스도에 관해 제대로 말하려면 우리가 그분의 형제라야만 한다. 그분을 사랑해야만 그분에 관해 제대로 말할 수 있다. 자녀가 어머니를 사랑해야만 모정의 신비에 관해 제대로 말할 수 있는 것처럼 말이다.

그렇다면 어떻게 해야 하나님을 사랑할 수 있을까?

그분께 사랑받아야만 그분을 사랑할 수 있다. 그런 의미에서 사랑은 언제나 반응이다. 늘 준비된 상태로 나를 위해 한결같이 희생하는 어머니를 몸과 마음으로 겪지 않고서 어떻게 어머니를 사랑할 수 있겠는가?

이 사실을 깨달으면 우리는 오순절을 이해하는 데 성큼 다가선 것이다. 오순절이 우리에게 두 가지 사실을 말해 주기 때문이다. 하나는 부정적 측면, 다른 하나는 긍정적 측면이다.

부정적 측면은 이렇다. 성경 기사, 예컨대 구주의 탄생 이야기나 골고다의 처참한 사건을 바깥에서만 보고 소설이나 단편 소설집처럼 읽는 한 모두 비밀문서를 보듯 그 의미가 숨겨진 채로 사장된다. 저마다 수많은 사건 가운데 하나에 불과해진다. 한 미혼모가 아기를 잉태하고, 한 남자가 대의를 위해 자신을 희생한다. 물론 이런 이야기는 우리에게 감동을 줄 수 있다. 성탄절과 성금요일을 둘러싼 풍부한 감상은 우리가 거기에 감동하다 못해 사로잡힌다는 증거다. 하지만 그것이 사건의 참뜻을 이해했다는 뜻은 아니다. 우리가 이해하지 못하는 한, 그 사건의 영향도 피상적일 뿐 우리 마음에는 미치지 못한다.

이번에는 긍정적 측면이다. 다음 사실을 깨닫기만 하면 성경 이야기를 참으로 이해할 수 있다. 즉 기적 같은 하나님의 사랑이 내게 임했고, 내 구주께서 세상에 아기로 태어나셨으며, 그분이 나를 위해 실제로 십자가에서 죽으셨다는 사실이다.

그런데 우리 힘으로는 이 사실이 깨달아지지 않는다. 모두 나와 직결되는 사건인데도 말이다. 인간은 2+2=4라는 산수 원리와는 차원이 다른 존재다. 그분의 손이 나를 해당 사건 속으로 이끄셔야 한다. 그분이 내게 빛을 비춰 주셔야 한다. 마르틴 루터는 이를 '성령의 조명하시는 능력'이라 칭했다. 본래 아주 단순한 개념이다.

이를 경험한 그리스도인에게 자신의 삶에서 성령이 어떤 역할을 하시느냐고 물어보라. 대개 이런 신중하고 진지한 대답이 나올 것이다. "처음에는 저도 당신처럼 신앙 교육을 받았습니다.

이 분야도 잘 배웠고 나름 열심히 공부했죠. 저는 신구약의 굵직한 이야기를 다 알았고, 그것을 동생들에게 말해 주면 모두 빠져들었어요. 나중에 신학적 내용을 공부하면서 그런 이야기가 어떻게 생겨났고 학자들이 뭐라고 말하는지도 배웠습니다."

이어지는 말이 핵심이다. "그런데 이 모두가 나를 위해 기록되었다는 게 어느 순간 퍼뜩 깨달아졌어요. 어찌된 일인지는 저도 모르겠습니다. 다만 성경을 진지하게 받아들이고 '마치' 그것이 하나님의 말씀인 양 그대로 살려 하던 때부터 그렇게 되었어요. 일단 순종하고 나니 갑자기 마음속에서부터 밝히 이해가 되었어요. 드디어 제게도 기적이 일어난 거죠. 그때까지 알던 것은 비밀문서의 점과 획에 불과해서 아는 건 많았어도 정작 이해하지 못했다는 걸 난생처음 깨달았답니다."

오순절의 기적으로 나타난 성령의 조명하심은 바로 이런 의미다. 예수님을 따르는 수많은 그리스도인의 대답도 거의 이러할 것이다. 첫 성령강림절에 베드로가 한 연설은 이미 그가 알던 내용이었다. 즉 구약 시대 역사에 전개된 하나님의 구원이었다. 그런데 이제 그것이 마음속에서부터 밝히 이해되었다. 이는 마치 유리에 쓴 글씨가 눈에 보이지 않다가 뒷면에 빛을 비추면 갑자기 보이는 것과도 같다. 자료는 똑같은데 해석이 완전히 달라졌고 청중이 듣고 마음에 찔렸다.

이해에 도움이 될 만한 비유로 말을 마치려 한다. 창문의 안

쪽이 아름다운 스테인드글라스인 예배당이 있다. 교회 건물 바깥을 빙 돌면 거무칙칙한 회색만 보이고 아무런 메시지도 없다. 물론 집에 돌아가 그 창문을 보았다고 말해도 거짓은 아니다. 그러나 사실은 진짜로 본 게 아니다. 바깥에서 엉뚱한 쪽만 보았기 때문이다.

예배당 안으로 들어가야만 보인다. 그래야 비로소 그림이 빛을 발하며 생생한 색채로 우리를 압도한다. 거무칙칙한 회색이 하나님의 영광스러운 이야기로 변한다. 화가 자신도 깨달은 바 있어 그런 영광스러운 이야기를 그렸을 것이다.

오순절의 메시지는 우리가 하나님의 말씀에 바른 자세로 접근해야 함을 가르쳐 준다. 그래야 말씀의 광채를 볼 수 있고, 내게 주신 말씀임을 깨달을 수 있다. 이미 예배당 안에 있어야만 그게 보인다. 아울러 오순절의 메시지는, 그분이 이끄시는 대로 따르기만 하면 우리도 그 안에 들어갈 수 있다고 약속한다.

Das Schweigen Gottes

The Silence of God

하나님의 침묵